2016年全国优秀科普作品

改变世界的一粒种子
——记杂交水稻之父袁隆平

席德强　编著

图书在版编目（CIP）数据

改变世界的一粒种子：记杂交水稻之父袁隆平/席德强编著.—北京：北京大学出版社，2015.9

ISBN 978-7-301-26286-3

Ⅰ.①改… Ⅱ.①席… Ⅲ.①袁隆平—生平事迹 Ⅳ.①K826.3

中国版本图书馆 CIP 数据核字（2015）211881 号

书　　　名	改变世界的一粒种子——记杂交水稻之父袁隆平
著作责任者	席德强　编著
责 任 编 辑	黄　炜
标 准 书 号	ISBN 978-7-301-26286-3
出 版 发 行	北京大学出版社
地　　　址	北京市海淀区成府路 205 号　100871
网　　　址	http://www.pup.cn　新浪微博:@北京大学出版社
电 子 信 箱	zpup@pup.cn
电　　　话	邮购部 62752015　发行部 62750672　编辑部 62764976
印 刷 者	三河市北燕印装有限公司
经 销 者	新华书店
	880 毫米×1230 毫米　A5　4.75 印张　98.7 千字
	2015 年 9 月第 1 版　2021 年 5 月第 4 次印刷
定　　　价	19.00 元

未经许可，不得以任何方式复制或抄袭本书之部分或全部内容。

版权所有，侵权必究

举报电话：010-62752024　电子信箱：fd@pup.pku.edu.cn

图书如有印装质量问题，请与出版部联系，电话：010-62756370

序　言

按照教育部2011年制定的《义务教育课程标准》，中小学课程由三部分构成：国家课程占78％，地方课程占10％，校本课程占12％。校本课程既与国家课程、地方课程紧密结合，又可以根据学校和学生的特点与需要进行适度调整，使课程资源既有统一的标准，又能兼顾不同地区的自然条件、风土人情和教育环境。

如何开发校本课程？设置哪些校本课程？编写什么样的校本教材？是各个中小学校必需考虑的问题。校本教材是顺利开设校本课程的保证与促进。对校本教材的编写，既要考虑当地的教育特色，又要与国家课程标准契合；既要弘扬学校的办学宗旨，又要考虑学生对内容的接受程度。

目前，全国各地区的校本教材建设方兴未艾，从我了解情况看，大体分为三类：一、历史题材类，如地方史、校史等；二、科学史类，如物理学史、化学史、生命科学史等；三、科学家的故事类，如本书。

《改变世界的一粒种子》是内蒙古赤峰市田家炳中学的校本教材。这本书不同于市场上常见的人物传记，它以一名中学教师的眼光，从教育学生的角度出发，精彩地描述了袁隆平先生的科研之路。全书以杂交水稻的研究过程为主线铺开，从挑战传统理论到提出杂交水稻培育方略,从克服重重困难到到三系配套成功,从三系法到两系法,从在国内推广到造福世界人民。这本书的写作内容注重对学生的启迪,注重培养学生的创新思维和不怕困难、不怕挫折、勇往直前的精神。

袁隆平先生是当代著名科学家,他用一粒种子改变了世界。我们很多人只看到了他头顶上的光环,却很少有人注意到他背后的艰辛。这本书就是想告诉孩子们,袁隆平先生的成功不是偶然的,他付出的劳动是常人无法想象的,他取得今天的成就是长期艰苦努力的结果。通过袁隆平先生的事迹,我们还可以让孩子明白兴趣的重要性。兴趣是最好的老师。知之者不如好之者,好之者不如乐之者。袁隆平先生常年在农田里风吹日晒却从不感到辛苦,在研究道路上历经重重坎坷却始终无怨无悔,是因为他在做自己喜欢做的事情。研究杂交水稻是他的人生乐趣,在研究过程中他享受到了精神的愉悦,找到了人生的价值。

我想,如果孩子们阅读本书,能够从此对自然科学产生兴趣,学会一些科学研究的基本方法,体会到科学研究的苦与乐,对以后做人、做事、做学问有所帮助,那么作者出版本书的目的就基本达到了。

中国科学院院士　　王梓坤
北京师范大学原校长

目 录

第一章 追梦人生 …………………………………… （2）
一、选择什么样的职业最好？ ………………………… （2）
二、用一生做好一件事 ………………………………… （5）
三、育种工作的过去与现在 …………………………… （8）

第二章 求学之路 …………………………………… （17）
一、家世与童年 ………………………………………… （17）
二、善于思考的学生 …………………………………… （19）
三、全面发展的学生 …………………………………… （22）
四、选择农学 …………………………………………… （24）
五、丰富多彩的大学生活 ……………………………… （25）

第三章 曲折的科研之路 …………………………… （30）
一、敬业的老师 ………………………………………… （30）
二、不迷信权威的研究者 ……………………………… （32）
三、接触杂交稻 ………………………………………… （36）

第四章 用一生做好一件事 ………………………… （44）
一、心中有梦 …………………………………………… （44）
二、山重水复 …………………………………………… （47）
三、柳暗花明 …………………………………………… （50）

四、初现曙光 …………………………………………（54）
  五、知难而上 …………………………………………（58）
  六、豁然开朗 …………………………………………（61）
  七、百折不挠 …………………………………………（65）
  八、殚精竭虑 …………………………………………（70）
  九、再创辉煌 …………………………………………（75）
  十、百尺竿头 …………………………………………（86）
  十一、谁来养活中国 …………………………………（90）

第五章 辉煌的成就,做人的楷模 ……………………（95）
  一、当不当官,是个问题 ……………………………（95）
  二、桃李不言,下自成蹊 ……………………………（100）
  三、设奖励基金,养育后昆 …………………………（114）
  四、"杂交水稻之父"殊荣的由来 …………………（117）
  五、让杂交水稻走向世界 ……………………………（120）
  六、当选两国院士 ……………………………………（122）
  七、成立隆平高科 ……………………………………（125）
  八、名标星座 …………………………………………（131）
  九、泽被神州 …………………………………………（132）
  十、连获15次国际大奖 ……………………………（134）

附录 袁隆平院士主要著作、学术论文 ………………（138）
主要参考文献 ……………………………………………（140）
后记 ………………………………………………………（141）

2004年度CCTV"感动中国"给袁隆平的颁奖词是：

他是一位真正的耕耘者。当他还是一个乡村教师的时候，已经具有颠覆世界权威的胆识；当他名满天下的时候，却仍然只是专注于田畴，淡泊名利，一介农夫，播撒智慧，收获富足。他毕生的梦想，就是让所有的人远离饥饿。喜看稻菽千重浪，最是风流袁隆平。

第一章　追梦人生

一、选择什么样的职业最好？

　　一个人选择什么职业最有利于自身的发展？选择什么职业让自己对社会的贡献度最大？这应该是自古以来人们在成长过程中都要考虑的问题。

　　我国古代有"学而优则仕"的观念。认为一个读书人出人头地的做法就是去当官。可是，有些人不走这条路却照样能名垂青史。在我国东汉时期的天文学家张衡（18—139）和南北朝时期的数学家祖冲之（429—500）生活的年代，自然科学研究被视为旁枝末技，是上流社会的人士不屑于从事的行业。所以当时多数家长不会让孩子选择这些方向作为一生的事业。可是在我们今天看来，靠读书博取功名的人又有多少能赶上这两位科学家对人类的贡献呢？

　　许多外国科学家年少时的志向也曾不被父母看好。例如，英国博物学家、进化论的奠基人达尔文（1809—1882）在小学时学习成绩一般，在老师的眼里，他是个不务正业的学生。他不喜欢坐在教室里学习，一有空闲就到野外去。那些欢唱的鸟儿、翩翩飞舞的蝴蝶、鲜艳迷人的花草都能让他停下脚步。他热衷于采集标本、观

第一章 追梦人生

察鸟兽虫鱼的活动。达尔文从小就有很强的搜集欲望。各种矿物、鸟蛋、昆虫和植物的根、茎、叶等都是他喜欢搜集的对象,他还喜欢将这些东西分门别类地放在他的标本室——一间空屋子里。这些爱好在别人眼里都是没用的,却是他以后的事业的奠基石。1825年,父亲送达尔文到爱丁堡大学学医,但他对医学不感兴趣,业余时间都用在搜集标本、研究生物上了。后来,父亲又送他到剑桥大学去学习神学,希望他将来成为一位受人尊敬的牧师。可达尔文对神学也没有多大兴趣,课余时间仍在研究生物学。最终,达尔文还是将生物学作为自己的研究方向,以博物学者的身份登上"贝格尔"号进行全球旅行。在1859年,他出版了轰动世界的巨著《物种起源》,提出了科学系统的生物进化理论。

梳理古今中外的科学家成功历程,我们都可以发现兴趣的作用。本书的主人公——我国当代著名的农学家袁隆平其实是一个地道的城里人,但他却选择农业作为自己的事业,这是为什么呢?

1930年9月,袁隆平出生于北平(即现在的北京)。他的童年及青少年时代主要是在武汉和重庆度过的。我们知道,在袁隆平的青少年时期,正是20世纪四五十年代,中国青年掀起了"工业救国"的热潮。对于袁隆平这样一个生长在大城市,并自小就接受正规学校教育的人来说,在当时工业救国的普遍思潮下选择农业作为自己毕生从事的事业,实在是出人意料。

梳理袁隆平的成功之路,我们都会有一个疑问:是什么力量使他如此义无反顾地选择农业作为自己奋斗一生的事业?是什么力量使他在面对一个接一个的难题的时候依然百折不挠?是什么力量使他在各方面的重重阻力面前毫不退缩?

谁也不会想到,袁隆平成为当今世界的知名农业科学家,最初的动力却源于儿时的一个美丽梦想。他说:"我学农其实源于一次偶然的事件,读小学时老师组织了一次郊游。老师带我们去参观一个私人园艺场,当我看到红红的桃子挂在枝头,紫红的葡萄一串一串地垂在架上,整个园艺场花红柳绿,一派丰收美丽的景象;巧的是,当时正在上演卓别林的电影《摩登时代》,影片里的主人公对城里的生活感到厌倦,只有在梦里回到乡下美丽的田园生活时,他才会感到快乐。电影里的镜头和眼前的景象叠加起来,我觉得田园确实太美了。当时就想,等我长大以后要是学农就美了,如果老师那时带我们去真正的农村看看,知道当时的农村生活又苦又穷又脏,那我一定不会去学农了。"

袁隆平觉得园艺场美,从而使他对农业产生了强烈的兴趣,而兴趣才是最好的老师,做有兴趣的事情即使花了再多的时间,投入了再多的精力,都不会觉得累,更不会觉得枯燥。儿时的参观让袁隆平选择农学作为自己的大学专业。在后来的学习和科研过程中,他找到了研究杂交水稻的职业乐趣,发现了农学的美,所以他才能一辈子无怨无悔地从事这个艰苦的工作。子曰:"知之者不如好之者,好之者不如乐之者。"说的就是这个道理。

在参加工作之后袁隆平专心研究杂交水稻,不仅改变了他自己一生的命运,也在某种程度上改变了13亿中国人的命运,还为世界粮食安全作出了突出贡献。"他如果不在家,就一定在实验田;如果不在实验田,就一定在去实验田的路上。"这就是袁隆平的真实写照。

从上述几个小故事我们可以看出,一个人如果能结合自己的性格特点,从自己感兴趣的学科入手,寻找适合自己的职业方向,让兴趣与梦想结合。既能享受到职业乐趣带来的精神愉悦,又能藉此实现自己的人生价值。这应该是选择职业的最好标准了。

二、用一生做好一件事
——为了人类远离饥饿

纵观人类的发展历史,饥饿始终与人类寸步不离。联合国粮食及农业组织(FAO)指出,目前世界上还有8.52亿人处于饥饿状态,这个数字比整个欧洲的人口数还要多。每年有500多万儿童因饥饿和营养不良而夭折,有900万人死于饥饿或饥饿引起的疾病。我国目前还有2000万～4000万人吃不饱饭。普通的一日三餐对这些长期饥饿的人来说,依然是一种可望而不可即的奢侈。所以联合国将每年的10月16日定为世界粮食日。

中国自古以来就是一个人口众多、生存压力很大的国家。她现在的人口约为世界人口的1/5。可利用的耕地却只有世界的7%,要使这么多的人口在这么有限的资源下摆脱饥饿的威胁,可真不是一件容易的事情。在中国的古代典籍中,关于饥饿的记载非常多:

——《诗经·大雅》曾经这样悲哀地吟道:"何辜今之人?天降丧乱,饥馑荐臻。"其中,"饥馑荐臻"为"饥饿接连而至"之意。可见,饥饿在当时发生得多么频繁!

——清朝出版的《履园丛话》有这样的记载:"迨父殁未几,适当明季,蝗旱不登,饿殍载道,而齐鲁幽燕之区为尤甚。"虽然,中国历史上关于因饥饿而死亡的人口统计不是十分详细,但是,用"饿殍载道"来形容,已经足以反映当时的惨状了。

20 世纪 60 年代初期,世界人口中 50% 属于饥饿人口。在中国,由于连年的自然灾害,一场全国范围的饥荒持续了三年之久,从城市到农村,多数人都处于吃不饱的状态。袁隆平作为老师,在自己也饿得走不动路的情况下,却把分给自己的一份萝卜给了饥饿的学生。看到一个学生因为饥饿而一顿吃光一盆萝卜的时候,他感到非常痛心。在黔阳县的硖州公社秀建大队支农时,看到种田的农民挨饥受饿,他更是难过得要命。生产队长老向曾对他说:"袁老师,听说你正在搞让水稻高产的科学试验,如果你能研究出亩产 800 斤、1000 斤的新稻种,那该多好啊!那样我们就不会再有饥荒了,老百姓的苦日子也就到头了。"老队长的话唤醒了袁隆平作为农业科技人员的科研之梦,也使他的责任心得到很大的提升。他决心研究出一种高产水稻,让老百姓能够吃饱饭,并以此作为自己事业上的奋斗目标。

在接受记者采访时,他说:"在 1959 年到 1961 年的三年困难时期,我看到很多人都因为饥饿而全身浮肿,有的人甚至饿死在路边、田坎上。当时我们这些老师也被下放锻炼,在村里的集体食堂里,我们吃的菜是猪都不愿意吃的红薯藤,饭是用水蒸了两次的双蒸饭,饭粒儿看起来很大,吃下去一会儿就饿了,当时整天想的就

第一章 追梦人生

是能吃顿饱饭就好了"。

这不仅仅是袁隆平对自己过去的困难时期经历的简单回忆，从中我们也看到，在他还是一个普通的农校教师的时候，就有了让天下人不再忍饥挨饿的伟大理想。这让我们感受到了一位大科学家的强烈的责任意识，也让我们感受到了他内心的崇高与伟大。

"我认为战胜饥饿主要靠科技进步，让粮食产量逐步提高，就能解决饥饿问题。我是学农的，整天都想着培育高产农作物的事。日有所思，夜有所梦。我曾梦见我们试验田里种的水稻，有高粱那么高，穗子像扫帚那么长，粒子像花生米那么大，我们几个朋友累了，坐在稻穗下面乘凉。"

这就是著名的"禾下乘凉梦"。为了早日实现这个梦想，为了让千千万万的人都能吃饱肚子，为了改变农村的贫穷与落后，袁隆平一生都在琢磨怎样培植更高产的杂交水稻。他60多年如一日，起早贪黑，殚精竭虑。"在培育杂交水稻这件事上，我从来没有后悔过。我这个人是一根筋，认准的事一定要坚持到底"。研究杂交水稻就是他事业的全部，培育超高产的杂交水稻，就是他生命中最神圣的目标。用一生的时间去做好一件事，就是对袁隆平科研工作的简单总结。

有记者采访时问他："您一辈子只做了一件培育杂交稻的事情，您后悔吗？怎么评价？"

袁隆平说："我学的是这个专业，也爱好这个专业，这辈子不做这个事，不合算啊。这也是适合我成材的一条捷径……"

三、育种工作的过去与现在

育种学是一门古老而又年轻的学科。说它古老,是因为现在种的庄稼是由野草培育出来的,现在养殖的家禽、家畜是由古代的野生动物驯化来的。说它年轻,是因为最近几十年由于科学技术的进步,育种工作打破了传统育种方法的限制,取得了令人瞩目的成就。下面我们分别叙述一下:

1. 从两种常见的农作物谈起

粟古称禾、谷或谷子,将它的果实去壳以后,就得到了我们熟知的小米。它的野生近亲我们也非常熟悉,就是田间地头常见的莠子和狗尾草。莠子在幼苗期与粟非常接近,农民在拔草时常常将它误认为粟而留下来,等到吐穗结实的时候才能将二者区分开来。而这时,有些莠子的种子已经成熟播撒到田里。中国北方的

第一章　追梦人生

山西一带是粟的起源地。考古发现,黄河流域从西起甘肃玉门,东至山东龙山的新石器时代遗址中,有炭化粟出土的遗址近20处。经过碳14(^{14}C)鉴定,我国栽培粟的历史已经有7000多年了。经过一代又一代的人工选育,古代先民使它从野草变成现在的庄稼。到北魏时期,农学家贾思勰在《齐民要术》中介绍的粟品种多达86个,包括了早熟、晚熟、耐旱、耐水、耐风、有毛、无毛、脱粒难易、米质优劣等不同性状,反映了当时选种技术的发展和农作物品种的多样化。

玉米,又称"玉蜀黍""包谷""包芦""珍珠米"等。是一种原产于南美洲的农作物。7000年前美洲的印第安人就已经开始种植玉米。哥伦布发现新大陆后,把玉米带到了西班牙。随着世界航海业的发展,玉米逐渐传到世界各地,约在16世纪中期传到中国,18世纪时又从中国传到印度。

现在,玉米在世界各地均有种植,其产量占世界粗粮的65%以上,占我国粗粮的90%。在谷类作物中,玉米的种植面积和总产量仅次于小麦、水稻而居第3位,平均单产则居首位。

目前玉米品种繁多,按籽粒形态与结构可分为硬粒型、马齿型、粉质型、甜质型、甜粉型、爆裂型、蜡质型、有稃型、半马齿型等。按生育期分为早熟品种、中熟品种和晚熟品种。按用途与籽粒组成成分分为特用玉米和普通玉米两大类。特用玉米一般指高赖氨酸玉米、糯玉米、甜玉米、爆裂玉米、高油玉米等。世界上特用玉米培育与开发以美国最为先进,年创产值数十亿美元,已形成重要产业并迅速发展。我国特用玉米研究开发起步较晚,除糯玉米原产于我国外,其他种类资源缺乏,加之财力不足,与美国比还有不小的差距。近年来,我国玉米育种工作者进行了大量的研究试验,在高赖氨酸玉米、高油玉米等育种上取得了长足进步,为我国特用玉米的发展奠定了基础。

2. 认识杂交育种

(1) 利用基因重组获得能稳定遗传的新品种

在动物育种方面,我国早在周代对马的外形鉴定技术已有丰富经验,春秋战国时期伯乐的《相马经》,宁戚的《相牛经》可称得上是动物育种方面的专著。我国培育了许多家畜家禽的优良品种。

现代动物育种历史可以从18世纪算起。当时英国有一位名叫贝克维尔的人喜欢进行动物杂交实验,他首先从大群动物里选择优秀的个体,再用近亲繁殖的方法获得具有优良性状的纯合体。即使在今天看来,贝克维尔的方法也是非常好的人工选择方案。他用这种方法培育了很多马、牛、羊的新品种。

但贝克维尔的方法是有局限性的。从理论上来说,生物的新类型(新性状)如果是受一对基因控制的,就比较容易获得纯种。例如,豌豆的高茎(D)对矮茎(d)是显性。我们要得到高茎纯种,只需让得到的高茎个体自交,然后将下一代的高茎再自交……经过几代的人工选择以后,我们就得到了纯度较高的高茎类型。如果我们要选择矮茎类型,就更简单了。因为矮茎是隐性类型,它一旦出现,就一定是纯种,可以直接推广。

但如果新性状是受两对或更多对基因控制的,要得到这些基因都是有利组合的纯合体就非常困难。

比如南瓜有白色的,也有黄色的;形状有盘状的,也有球状的。如果将纯合黄色盘状南瓜与纯合白色球状南瓜杂交,F_1全是白色盘状南瓜。如果我们要选择白色盘状的类型,应该进行下面的杂交实验:

```
P         黄色盘状 × 白色球状
         （aaBB）    （AAbb）
              ↓
F₁         白色盘状
          (AaBb)
              ↓（自交）
F₂   白色盘状  白色球状  黄色盘状  黄色球状
    (A_B_)   (A_bb)   (aaB_)   (aabb)
```

将 F_2 中的白色盘状（A_ B_）挑选出来,再经过多代自交,不断选育,才能得到稳定遗传的白色盘状类型。

在生活中,我们经常看到某种农作物的甲品种有一种优点,同时它又有某些缺点;乙品种虽然没有甲品种的优点,但它的优点却正好可以弥补甲品种的缺点。在这种情况下,我们自然会想到:如果让甲和乙杂交,再从杂交后代中选育出同时拥有甲乙品种优点的新品种。这就属于利用基因重组获得优良品种的例子。

我们期望的是这样,可事实上农作物或家畜体内决定优良性状的基因可能是位于一对染色体上的一对基因,也可能位于多对同源染色体上的多对基因;可能是可遗传的（基因决定的）,也可能是不能遗传的（环境引起的）。所以,要得到人们期望的能稳定遗传的新品种非常困难。

这就是说,采用杂交的方法利用基因重组获得新品种有一个非常大的缺点,要获得能稳定遗传的纯种需要很长的时间。多长时间呢?培育一种优良动物大约需要60年。因为每个动物长大成年需要1~3年,繁殖的子代长大成年又需要1~3年,而新品系必须经过几代甚至十几代的选择才能获得稳定遗传。60年时间不太长,但一个育种专家需要经过一系列的教育和实践才能培养出来,到他们成为有一定经验的育种专家的时候差不多已经人到中年了,而在这之后开展育种工作,如果出现一两次偏差,可能就终生一事无成。这样看来,是育种工作本身的特点决定了培育一个新的品种需要很长的时间,所以只有极个别运气比较好的育种工作者才能取得一定的成就。

尽管存在着许许多多的困难,人类对培育优良农作物和优秀家畜的热情还是丝毫没有减少。到19世纪,随着人们对遗传变异的机理逐渐了解,育种热情更是空前高涨。因此,在这段大约100年的时间里,世界范围有许多家畜新品种被培育出来。仅英国就培育成6个马品种、10个牛品种、20个猪品种和30个羊品种。这一时期的育种工作可以说是一种建立在个人兴趣基础上的研究,还缺乏科学的理论指导与系统总结。

(2) 利用杂种优势培育新品种

在中国古代的农学典籍《齐民要术》《农政全书》里,曾提到可以将同种农作物的不同品种间作,以此来提高农作物产量。比如用黄色玉米和白色玉米间作,比二者单独分片种植的产量要高。

早在2000年前,我国劳动人民就发现,马的力气大,但吃得

第一章　追梦人生

多,耐力也不强,劳动寿命只有 10 年左右。驴的耐力较好,吃得少,但力气小,劳动寿命 15 年左右。他们采用母马与公驴杂交,得到力气大、耐力强、节省饲料的"役骡"。这种杂交后代比马和驴都优秀得多:吃得比马少,耐力更强,力气也大,而且劳动寿命大大提高,可以达到 30 多年。这可以认为是杂交育种的开始。农村有种说法:一个农民有了一匹役骡,可以终生无忧,就是因为它的使用寿命长,又聪明,又能干,是农民耕田种地的好帮手。可是,由于马的体细胞具有 64 条染色体,驴的体细胞具有 62 条染色体,所以骡的体细胞具有 63 条染色体。由于马和驴是两个不同的物种,它们的染色体是异源的,故骡的体细胞中不存在同源染色体。骡的性原细胞在减数分裂时,无法完成同源染色体的联会,不能产生正常的生殖细胞,因而骡是不能繁殖后代的。所以骡并不是一个新物种。

将杂种优势大规模运用到农作物上是近代的事。人们发现在农业生产上使用杂交种,比使用连年种植的优良品种有更明显的增产作用。作物表现为生长整齐、植株健壮、产量高、抗虫抗病能力强等特点。人们把这种现象称为"杂种优势"。

但并不是随便将两个品种杂交,其杂交后代就能表现出我们期望的杂种优势。具体说来,杂交种有以下特点:

杂种优势不是某一两个性状单独地表现出来,而是许多性状的综合表现。

杂种优势的大小,大多数取决于双亲性状间的相对差异。一般是双亲间的亲缘关系越远,杂种优势越强。

杂种优势的大小与双亲基因型的高度纯合具有密切的关系。只有在双亲基因型的纯合程度都很高时，F_1群体基因型才能具有整齐一致的性状表现，不会出现性状分离现象，这样才能表现出明显的优势。

杂种优势的大小与环境条件的作用有密切的关系。性状的表现是基因型与环境共同作用的结果。不同的环境条件对于杂种优势表现的强度有很大的影响。一般来说，在同样不良的环境条件下，杂种比其双亲具有更强的适应能力。

杂种优势在农业生产上最早的大规模应用是种植杂交玉米。玉米是雌雄同体单性花的植物。而且雌花在玉米植株中部，雄花在植株顶部，非常容易区分。

在杂交育种时，首先选一块适于玉米生长且周围1000米以内没有种植其他品种玉米的区域（防止自然杂交）。选一个优势品种作母本，另一个优势品种作父本。两个品种间的遗传差异越大，杂种优势越强。在种植的时候，一般每种植4行母本，种植1行父本，这样反复下去。在快要吐穗时，将母本的雄花抽去（去雄）。去雄这个工作需要很多劳力连续10多天的工作。然后等父本吐穗后借助风力传粉。如果遇到阴雨天影响授粉，还要进行人工授粉。根据农民摸索出的经验，可以在雨后采用一手抓住雄花，另一手抓住雌花，对在一起蹭几下就可以了。这样可以最大限度地减少因为阴雨影响授粉而造成的损失。秋天，将母本上结的种子收获下来，第二年就可以作为杂交种推广了。

第一章 追梦人生

3. 现代育种学的发展

现代育种是以遗传学的基本规律为基础的。孟德尔首先提出,在生物的体细胞中有成对的遗传因子(如 DD、Dd、dd),在生物的配子中有且必有每对遗传因子中的一个(如 D 或 d)。遗传因子(现在称为基因)是控制生物性状的内在因素,生物性状是遗传因子的外在表现。自 1900 年孟德尔遗传定律被重新发现以后,遗传学的发展日新月异。这门科学对动物和植物的改良起到巨大的指导意义,使育种由缺乏理论指导的个人爱好转变成严谨的科学研究。

在种植玉米杂交种获得增产后,人们又把目光投向了其他农作物。人们发现,对小麦、水稻等雌雄花在一起,花又很小的农作物来说,杂交育种是很难实现的。最困难的是如何去雄。因为它的一个穗子有几十到上百朵花,一朵一朵地操作,对于一个专业技术人员来说也是个不小的难题,大面积种植让广大农民去操作就更不现实了。在这个巨大的难题面前,无数科学家退缩了。我国的科学家袁隆平通过艰辛的努力解决了这个世界性难题。

杂交育种作为传统的育种方法,为粮食生产作出了巨大贡献,但它需要年年制种,工作烦琐且工作量巨大。杂种自交后代会出现性状分离,原来的优势会逐渐淡化。随着科学技术的发展,尤其是细胞工程、基因工程的兴起,给育种工作带来了新的革命。通过细胞工程,人们让两种亲缘关系较远的植物细胞杂交成一个杂种细胞,这个杂种细胞拥有两个物种的全部基因,可以自行繁殖而不退化,具有独特的优越性。比如现在人们培育成功的"白菜甘蓝"。它的叶子很像白菜,但又像甘蓝一样抱得很紧,有利于储存和运输。人们还设想培育出下面长萝卜上面结甘蓝的"萝卜甘蓝",目前还没有成功。

  基因工程也为育种工作开创了一条新途径。通过基因工程,人们可以按照自己的"意愿"来改造生物。比如人们发现,苏云金芽孢杆菌能产生一种 Bt 毒蛋白,这种毒蛋白对人畜无害,却能导致棉铃虫等鳞翅目昆虫的消化道溃烂,最终致其死亡。科学家就想,能不能将苏云金芽孢杆菌体内控制毒蛋白的基因提取出来,转移到棉花体内,让棉花也能产生 Bt 毒蛋白,从而抵抗棉铃虫的破坏呢?经过科研人员的努力,美国和中国都培育出了拥有抗虫基因的"抗虫棉"。这种抗虫棉不但能抵抗棉铃虫的破坏,还能节省农药,减轻环境污染,有重要的经济意义和环保意义。

  目前,随着人民生活水平的不断提高,人们对肉、蛋、奶的需求越来越大,这样对粮食的需求量急剧增加。很多西方国家担心中国的发展会引发粮食危机。其实随着科学技术的不断发展,育种方法会越来越先进,增产效果也会越来越好。目前,超级杂交水稻已实现亩产 2000 斤的产量突破。袁隆平根据多年的育种经验认为,水稻还蕴藏着巨大的增产潜力,可以通过先进的生物技术来深挖。例如,玉米的 C_4 基因现已被成功克隆,并正在导入超级杂交稻亲本。理论上 C_4 植物的光合效率比 C_3 植物的水稻高 30%。我们相信中国这个人口大国能够通过提高粮食产量来解决自己日益增长的粮食需求。

第二章　求学之路

一、家世与童年

袁隆平祖籍江西省德安县。那里山清水秀,气候宜人,是一个风景秀丽的世外桃源。袁家世代务农,繁衍生息在这片宁静祥和的土地上。直到19世纪后期,到曾祖父袁繁仁时,开始弃农经商。经过曾祖父辈三兄弟的艰苦奋斗,袁家有了一些积蓄,他们举家迁居县城。由于家境渐好,袁家开始重视子女的教育,祖父袁盛鉴就是当地的一位文化名人,毕业于江西地方自治研究所,在孙中山先生领导的民国时期曾当选为江西省第一届议会议员,历任德安县高等小学校长、县农会会长、广东琼崖行政长官秘书长、文昌县县长等职,是当地非常有声望的一个人。

父亲袁兴烈出生后,由于受祖父的影响和家庭环境的熏陶,从小就喜欢读书。他毕业于南京东南大学中文系,也担任过德安县高等小学校长和督学,还曾在平汉铁路局供职,是一位颇具爱国心的知识分子。1937年抗日战争爆发后,袁家老宅被日军炸毁,从此他四海飘零,谋生于外。先在平汉铁路局供职,抗日期间他又投笔从戎,在冯玉祥将军领导的第二集团军中任上校秘书。抗战胜利之后,在国民党政府侨务委员会任科长。

母亲华静女士是江苏扬州人,她端庄典雅,聪慧善良,曾在英国教会学校读书,所以能讲一口流利的英语,是一位知识女性。她高中毕业之后,任过德安县高等小学教员,与时任校长的袁兴烈相互爱慕,结为伉俪。婚后她辞去了教师工作,在家操持家务,相夫教子,是典型的贤妻良母。

1930年9月7日,袁隆平出生在这个书香家庭。由于父亲的工作地点经常变动,父母给孩子取名时就按照袁氏家族"隆"字的排辈,再加上出生地。兄弟五人:隆津、隆平、隆赣、隆德、隆湘,即以"津""平""赣""德""湘"的出生地取名。袁隆平出生于北平,因排行第二,乳名二毛。

华静女士除了懂英语之外,还特别爱好哲学、文学等,是一位秀外慧中的知识女性。因此,她对五个孩子的教育也非常出色。她不但重视孩子们的学习成绩,也非常注重他们道德品质的培养,还注意培养他们良好的学习兴趣。在她看来,孩子是一张白纸,可以在纸上描绘出各种各样的美丽图案,而兴趣是打开知识之门的钥匙,是在白纸上作画的画笔。她经常教育孩子们:"要多读书,求进取,做好事"。她用自己的母爱给孩子带来温暖;用自己的知识启迪孩子们幼小的心灵;用一个母亲所能付出的心血哺育着孩子们健康成长。她经常讲一些美好的故事给孩子们听,还利用自己的英语特长对孩子们进行英语会话的启蒙。这种良好的家庭教育,浓郁的知识氛围,使兄弟五人在学业上都出类拔萃,先后考取了高等院校,毕业后分别在新疆、湖南、江西、四川、安徽等地工作,成为国家的有用之才。

袁隆平的父母都是知识分子,这样的家庭环境让他受到了良好的教育,也培养了他热爱生活、独立思考的好习惯。可以说,出生在这样的家庭里,袁隆平是幸运的。但是,他出生在1930年的旧中国,又是不幸的。1937年7月,"七七"事变爆发,日本悍然侵略中国,不久华北沦陷,随后日本侵略者的铁蹄踏向上海、汉口和广州。战火由北向南、由东而西全面燃烧起来,大半个中国都在日本侵略者的践踏之下。从1938年起,袁隆平一家也开始了逃亡生活。儿时的袁隆平生活备受艰辛,在战乱流离中逐渐成长成熟起来。我们只需看看袁隆平的读书经历,就知道当时的混乱的中国连一个孩子安心读书的要求都满足不了:

1938年春天,袁隆平随父母从汉口动身,乘坐一只小木船,由水路逃往湖南,历时20多天,到达湖南桃源镇。1938年8月,袁隆平转入湖南省弘毅小学读书。在这里,袁隆平度过了他短暂但终生难忘的"世外桃源"式的生活。不久他们又举家迁往重庆,袁隆平转到重庆龙门浩中心小学读书。1942年进入复兴中学读书。1943年转到重庆赣江中学读书。1944年8月,转到汉口博学中学读书。1948年8月,转到南京中央大学附中继续高中学业。

二、善于思考的学生

由于家庭的熏陶,儿时的袁隆平得到了很好的启蒙教育。母亲不但教他做事、做人,还是他的英语启蒙老师,使他从小就有了非常好的英语基础。少年时期的袁隆平不但学业优异,而且志趣高远,爱好广泛,善于思考。1942年下学期,袁隆平告别了龙门浩中心小学,进入复兴中学,新的学习环境、新同学、新老师、新知识,一切都让他感到好奇。他感到自己的眼界一下子开阔了很多。

袁隆平不是一个古板的学生。后来他回忆起这段时间的生活时说:"我这个人比较较真,对自己感兴趣的知识就要弄明白,喜欢刨根问底儿;不彻底理解就不能放下,非要搞个水落石出不可。"

他对一切新知识都充满了好奇,他喜欢对自己有疑问的地方进行探索。有一堂数学课,老师讲"有理数"。在这堂课中,袁隆平学习了这样一条法则:正数与正数相乘得正数,两个负数相乘也得正数,即正正得正,负负也得正。袁隆平听后想,正数乘以正数得正数,这和小学学的一样。而对负数乘以负数也得正数,这是为什么呢?于是他问老师:"负数乘以负数,为什么得正数?"尽管老师给他耐心地进行了讲解,但袁隆平问的是本源性问题,老师的解答并不能让他满意。这个不大的疑问却让他终生难忘,多年以后,他还记着这个自己没弄明白的问题。在2000年中国国家科学技术奖颁奖会上,他还向同时获奖的数学家吴文俊院士请教这个问题。吴院士的解答依然没让他满意,他笑着说:"看来这个问题这辈子我是搞不懂了"。换了一般的学生,要么会将这个负负得正的结论死记硬背下来,要么扔在一边算了。由此我们可以看出袁隆平做学问是多么认真踏实。

后来袁隆平到南京中央大学附中上高中,物理课上老师讲了爱因斯坦的质能方程,即

第二章　求学之路

$$E = MC^2$$

E代表能量，M代表质量，C代表光速。这个方程当时刚提出不久，由于为原子弹的研制提供了重要的理论依据而受到全世界的关注，爱因斯坦也因此享誉盛名。

老师讲完这个方程，袁隆平对爱因斯坦产生了极大的兴趣，他不仅对爱因斯坦个人非常崇拜，而且对那不可思议的理论也充满了好奇。袁隆平想：这个公式中，光速是每秒30万公里，所以质量很小的物质中也蕴藏着极大的能量。但为什么能量和光速的平方成正比呢？……他对这一公式理解不了。于是，又问老师："为什么物质的能量和光速的平方成正比呢？"

爱因斯坦本人经过10年的思考，才于1905年提出了这个著名公式，并且这个公式在当时还仅是一个假说。而这一假说直到100多年后的2008年，才由法国、德国和匈牙利的几位科学家借助现代化的实验手段得以确证。对于当时的中学物理教师，袁隆平的这个问题确确实实是难以回答清楚的难题，尽管当时这位老师不能很好地回答，但他表扬了袁隆平，说这个问题提得好，同时力所能及地作了这样的解释："以前人们也知道质量和能量是有关系的，比如一个质量大的胖子撞了你一下和一个质量小的瘦子撞了你一下，你受的力是不同的。爱因斯坦这个公式让人们认识到了质量和能量的准确关系。比如1千克煤，完全燃烧，放出33.47兆焦的热量，能把80千克0℃的冷水烧到100℃。但如果把它的全部能量释放出来，竟有9.04×10^3兆焦，这相当于一个城市几年所消耗的电力。至于怎样才能全部释放这么巨大的能量呢？还有待今后科学技术手段的发展。"

袁隆平听完老师的讲解,感到自己对这个公式理解了很多,从此爱因斯坦成了他心中的偶像,他对探究自然规律也产生了浓厚兴趣,并决心像爱因斯坦那样成为一名大科学家。

学而不思则罔,思而不学则殆。他勤于用脑,善于思索,良好的思考习惯不仅使他学习成绩优异,而且学到了不少书本上学不到的东西。

三、全面发展的学生

1944年,袁隆平转学到博学中学,这是一所拥有初中和高中的完全中学。他在这所寄宿制学校学习、生活了四年。当时,住宿生的生活条件艰苦,吃粗粮饭,点桐油灯,一两个星期才能改善一次伙食。学校管理很严格,每天早晨6点起床洗漱,10分钟后到操场集合做操。通过中学的学习,袁隆平养成了独立性强、自觉遵守时间的好习惯。博学中学是一所重视英语教育的学校,对学生的口语训练非常严格。幸好袁隆平的母亲会讲英语,在他很小的时候就经常用英语和他对话,让他从小就对英语产生了浓厚的兴趣。袁隆平认为自己现在都能用英语与外国同行交流,主要是因为上中学时打下的良好基础。

袁隆平在学习时不愿死记硬背,擅长思考,喜欢问为什么,在学习中有自己独立见解。这使他成为班级里一个非常有个性的学生,受到老师和同学们的称道。

第二章 求学之路

他课上积极思考,对自己感兴趣的课程喜欢追根溯源,喜欢问为什么。课下他又是一个有着广泛爱好的活跃分子。他擅长各种文体活动,能唱能跳,跑步、游泳都是他的长项。在这段时间,他还利用业余时间学会了跳踢踏舞,这种爱好一直保留到现在。

他最喜爱的运动是游泳。袁隆平的游泳技术还是在童年时练就的。那是1938年,在那个战火纷飞的年代,他们一家四处漂泊。从汉口逃难到湖南省桃源县时,在乘船过沅江的过程中,袁隆平不慎落水。幸亏船工跳水相救,才转危为安。8岁的他决心像船工那样学会"划水",将来也能在水里救人。经过长时间苦练,他不但拥有了高超的游泳技术,身体素质也大大提高。

1947年,汉口市举行了一次游泳比赛,袁隆平由于身材瘦小,没被选中。但他太喜欢游泳了,就在参赛那天偷偷混进了赛场,结果被体育老师发现,最终同意他去参加比赛。结果他一鸣惊人,夺得了汉口赛区男子100米和400米自由泳第一名。不久之后,在湖北全省的比赛中又夺得了男子自由泳银牌。

"到中流击水,浪遏飞舟",袁隆平很喜欢毛主席的这句诗。无论是在湘辉农校,还是在海南的试验田,抑或是在研究所里,游泳都是他最喜爱的业余活动。他经常在一天的劳累之后,带领助手们去畅游休憩。这不仅锻炼了身体,还造就了他百折不挠、勇于搏击的个性。直到今天,他还说自己在游泳方面是一流的水平,至于打排球,下象棋,他也都能得心应手。

多年以后,他谈起业余爱好时还说,每个学生都应该有自己的业余爱好。我们这些成年人除了要关注孩子的健康和学习外,还要培养他们的兴趣爱好:"对音乐、美术、体育……总要有某一方面的兴趣,生活才不单调"。

四、选择农学

到1949年夏季,袁隆平高中学业期满,面临着高考的选择。在应试教育的背景下,报考哪所学校,学习什么专业,是决定一生职业发展的大事。报考哪一所大学呢?这成了一家人经常讨论的问题。这一天,袁兴烈叫来妻子华静和儿子袁隆平,共同商讨袁隆平的发展方向。当年在南京政府侨务委员会事务科任科长的父亲,多年来走南闯北,社会经验十分丰富。他期盼自己的儿子更有出息。因此,他希望袁隆平报考国立南京大学,以便日后学业有成,到政府部门发展。袁隆平虽然很敬重父母的指教,但他还是想做自己最感兴趣的事,那就是学农。这个专业的选择源于他儿时的一个梦想。

在武汉读小学时,当学校组织同学们郊游参观园艺场后,他就下定决心要学农了。

这让父母非常着急,母亲耐心地对他讲:"孩子,你从小生活在城里,不知道农村的苦啊,还是别学这个了啊。"他们反复劝说,袁隆平就是听不进去,执意不改。最后,开明宽厚的父母尊重了他自己的选择,于是他如愿以偿地考进了农学系。

袁隆平回忆说,"要是老师没有带我们去园艺场,而是去了当时的农村,可能我就会产生农村又脏又乱、又穷又苦的印象,这样我可能就会选择别的专业。"

也许是机缘巧合,袁隆平并没有走"学而优则仕"的道路,而是选择了自己喜欢的事业,虽历尽艰难而终生不悔,的确难能可贵。

五、丰富多彩的大学生活

1949年,袁隆平来到重庆相辉学院农学系读书。1950年,全国高等学校院系调整,相辉学院与华西大学、四川大学、贵州大学等10所综合大学中的农学系合并成一所农业类高校——西南农学院。由于各校农学方面的顶尖人才汇聚一堂,学校雄厚的师资力量,浓郁的学术氛围,使他受益匪浅。在这里,他不仅学到了很多对后来发展非常必要的专业知识,也培养和提升了他的科研能力,为以后进行杂交水稻研究打下了坚实的基础。

1. 与专业游泳队员失之交臂

在大学里,袁隆平爱好广泛,喜欢打球、拉小提琴和游泳。老师和同学记得,他虽然学习成绩不是特别突出,但人很聪明,也善于思考。

在课余时间,他最喜欢的还是游泳。袁隆平的水性在中学时就已小有名气,湖北省男子自由泳第二名的荣誉,随着档案带到大学,让他有幸参加了大学里的很多体育赛事。到大江大河里畅游不但是他的课余爱好,还差一点让他成为一名专业的游泳运动员。

西南农学院坐落在半山腰,学校山脚下这片江水正是嘉陵江的中游地段,江面开阔,水流缓慢、水质清澈,是一处非常理想的野游场地。近水楼台先得月,酷爱游泳的袁隆平自然不会浪费这样好的条件。于是,只要一有闲暇,袁隆平就会和同学到嘉陵江里畅游一番。几个年轻人,伴着江上白帆点点,号子声声,欢快地跳入江中,不停地变换泳姿,像鱼儿一样惬意嬉戏,尽情地释放着青春的激情。有时候,他们觉得平静的水面游得不过瘾,就会增加难度,游到水面相对狭窄、水流湍急的地方,逆流而上,享受拼搏的乐趣。

1951年春,由贺龙元帅主持,在成都召开了西南地区第一届田径运动会。这不但是一个地区的体育赛事,还要为国家队选拔人才。西南地区的各所高校也都派了代表队参加。

袁隆平是西南农学院游泳队的一员。在200米自由泳中,他凭借良好的预赛成绩顺利闯进了决赛。

决赛开始时,发令枪声一响,他就像出膛的子弹一样"嗖"的一下跳进了泳池,他一路劈波斩浪,前100米一直领先,却由于刚开始发力太猛,没有分配好体力,渐渐落后了下来,最终获得了第四名。

遗憾的是,国家队游泳队在全国各个赛区只录取前三名,袁隆平最终与专业游泳失之交臂。

虽然没有成为专业的游泳运动员,但游泳一直是他最大的业余爱好。以后无论走

2004年在海南三亚南海畅游

到什么地方,只要遇到能游泳的江河湖海,他都忍不住畅游一番。

第二章 求学之路

游泳不仅锻炼了他的体魄,也磨炼了他的意志,培养了他力争上游、不服输的精神。

参加工作以后,只要单位组织游泳比赛,袁隆平一定是冠军。他的水平就连那些刚参加工作的小伙子也自愧不如。在湖南杂交水稻研究中心举行的游泳比赛上,随着发令员一声枪响,袁隆平一个远跳,接着三两下就把其他队员远远地甩在后面。当年差点进国家游泳队的实力确实非同一般。

2. 业余的小提琴演奏家

袁隆平有着一副深沉浑厚的好嗓子,是学院合唱团的一员。他能把当时最为流行的苏联歌曲《喀秋莎》演绎得声情并茂,惟妙惟肖。他不仅参加学校组织的歌唱演出,课余时间也是连哼带唱,生活得很有情趣。

这期间还发生过一件很有趣的事情。在袁隆平考入相辉学院不久的一天,他正在宿舍与同学们闲聊,忽然从隔壁传来一阵优美的小提琴声,这琴声引起了袁隆平的注意。他细听之后,如遇知音,马上站起来,跑到隔壁,也不敲门,就直接推门而进。一进去他看见一位同学站立窗前,全神贯注地拉着小提琴。等琴声一停,袁隆平就走上前去,和这位同学攀谈起来。

后来,袁隆平用省下的零用钱,买了一把便宜的小提琴,向那位学友学习拉小提琴。他乐感好,悟性高,很快掌握了要领,能拉得有声有色了。就在这一年系里举行的新年晚会上,他与那位学友演出了小提琴二重奏,受到师生们的好评。

大学毕业后,在都市里长大的袁隆平,被分配到安江那个穷山窝里工作,一晃十几度春秋。每当皓月当空、繁星闪烁的夜晚,他都会坐在田埂上拉琴娱己娱人。如泣如诉的琴声可以排遣乡下生活的寂寞,也可以解脱工作中的挫折和困难,还能陶冶自己的情操。对袁隆平来说,在田里劳累了一天之后,晚饭后拉上一段小提琴,是一种放松,也是一种享受。

3. 差点当上空军飞行员

1950年10月,朝鲜战争爆发。全国各地纷纷用各种方式支援前线。1951年夏季的时候,国家打算在全国的大学生中选拔一批飞行员。当时仅西南农学院就有800多人参加选拔,而最终只能有8人入选,竞争的激烈程度可见一斑。由于袁隆平酷爱运动,身体素质非常好,他一路过关斩将,淘汰了众多的竞争对手,光荣入选。

这个消息迅速轰动了大学校园,同学们围在光荣榜前议论纷纷,认识的同学都跑去向袁隆平祝贺。想到自己就要驾驶飞机翱翔天空了,袁隆平也格外高兴,他兴高采烈地参加了空军预备班的学习,进行相关的知识培训。

就在袁隆平兴致勃勃地准备去空军学校报到的时候,突然被告知继续留在大学学习。原来,随着各方面努力,前线局势逐渐缓和,用不了那么多飞行员了。这样,只留下了选拔上来的高中生,像袁隆平这样的大学生一律留在原学校读书。因为,当时全中国加起来也只有20多万大学生,新中国刚成立不久,百废待兴,急需人才,高中生能胜任的工作,就绝不用大学生。

袁隆平谈到这一经历时幽默地说:"我想做运动员,结果被淘汰了;想做飞行员,结果也被淘汰了。就只好回来干农业了。"

第二章 求学之路

也许从袁隆平年轻时的个人爱好出发,他想当运动员,也想当飞行员。他没有机会从事这两个自己喜欢的事情,却从事了自己喜欢的另一件事——农业。这对他个人来说也许有些遗憾,但对全国人民来说,其实是一件天大的幸事。

4. 业余排球运动员

袁隆平良好的身体素质使他在其他体育赛事上也毫不逊色。大学期间,他还是学院排球队的队员。这些爱好给他工作后的生活带来了很多乐趣。袁隆平回忆说,年轻的时候,他一直是主攻手,还是省直机关排球队的主力队员。他说:"我在场,就赢;不在场,哼,就输呗。"

现在,长沙很流行五人制老人排球。老人排球比一般排球要大两圈,也比一般排球更软、更轻,当然速度也就慢了许多。除了球有些不同,比赛规则与一般排球比赛一样。袁隆平经常和老年朋友玩这种排球。轮到他发球了。只见他把球往地上"啪啪"拍了两下,抬头往对方的场地看了看。"腾"的一声发了一个高空球,直奔对方的后场,正好砸在边线界内,对方却没有人能接到。只见袁隆平高兴地在发球区转着圈和队友们一起呼喊着,并和他们一一击掌相庆……下场后记者夸他排球打得好,他还"一点都不谦虚"地说:"我打排球也就是二三流的货色,要说游泳,那才是一流的。"

第三章 曲折的科研之路

一、敬业的老师

1953年,袁隆平从西南农学院毕业了。作为新中国的第一代大学生,在"到农村去,到最艰苦的地方去,到祖国最需要的地方去"的大背景下,他被分配到偏远的湘西雪峰山麓的安江农校教书。接到通知后,他没有考虑地区的偏僻和未来工作的艰辛,就马上由重庆顺长江而下,过三峡到武汉,转火车到长沙,再乘汽车翻越雪峰山,历时半个多月行程四千多里,风尘仆仆地赶到唐朝诗人王昌龄诗赞的"醉别江楼桔柚香"的黔阳县,来到安江农校教书。在这里,他从事了十九年的教学、科研工作。

第一个学期,袁隆平被安排教俄语。"大学学的是农学,怎么让我教俄语?"虽然有点不满,但他还是服从组织安排,认真做好自己的教学工作。他想尽办法多方搜集资料,精心备课。在课堂上他教学方法灵活,幽默诙谐,平易近人,很快就博得了学生的喜爱。可以说是教一门,钻一门,爱一门。但俄语毕竟不是自己的长项,他时刻想做的事情,还是搞专业研究。

学校领导看到刚刚参加工作的袁隆平每天起早贪黑,兢兢业

第三章 曲折的科研之路

业地工作,是棵好苗子,就在第二年安排他到遗传育种教研组。回到老本行之后,他曾先后教授过生物学、作物栽培、遗传育种等农业基础课和专业课。在教授专业课的时候,为了让学生听得明白,学得透彻,他用了大量的时间钻研教材,查阅资料。在教学相长的实践中,他自己的专业水平和科研能力也在逐渐提高。

1954年,他教普通植物学。这是一门比较枯燥的课程,为了让学生产生兴趣,他努力通过实验引导学生学习。为了让学生对植物学产生兴趣,他带着他们深入田间地头熟悉植物,从根、茎、叶、花、果实、种子等结构一一讲起。在课堂上,他借助显微镜讲授植物的内部构造。从植物的外部形态特征到内部解剖结构,从植物的一般生物学特征,到它的内在的代谢机理和遗传特性等等,进行系统的讲解。为了在显微镜下观察植物组织器官的微观构造,他刻苦练习徒手切片技术。成千上万次的苦练,使他很好地掌握了这项技术。在以后的教学和科研当中,他那出色的实验技术起到了重要的辅助作用。

在备课时,为了使自己准备的内容精彩实用,他经常提出各种问题自考自答。为了能够深入浅出地解释那些比较深奥的农学理论,他常常带领学生进行植物解剖实验,还教他们栽培各种农作物,在生产实践中学会相关的理论知识。他曾深有体会地说:"教师的知识高度决定了他的授课水平。即使浅显的问题,如果教师专业知识不够精深,也不可能把课讲透彻!"

1959年,中华人民共和国成立10周年。这一年恰逢袁隆平的而立之年,也是他从事教学工作的第七个年头。在国庆节前夕,他以"我的十年"为题,对自己在这10年来的成长与进步进行了回顾和总结。文中写到:"全国解放10年来,在党的教导下,我明白了一个道理。那就是全心全意为人民服务才是人生最光荣的一件事。""在这10年里,特别是在参加工作以后,我始终坚持一边教学,一边科研,教学与科研、生产紧密结合。"多年的教学实践,使袁隆平既有一定的理论基础,又有非常强的动手能力。这时的他不仅是一名合格的中专教师,还是一位潜在的农业专家型人才。

二、不迷信权威的研究者

当时中国正处在"大跃进"的年代里,农业上的浮夸风很普遍,"人有多大胆,地有多大产",形容大田水稻是"密密麻麻不透风,要是卫星掉下来,也要弹到半空中""开展小麦双千斤县、三千斤社、五千斤大面积丰产田、万斤高额丰产田运动"等口号喊得震天响。

袁隆平从报纸上看到,甘肃文县的一个青年突击队创造了马铃薯亩产17000多斤的高产纪录,贵州金沙县创造了单季亩产稻谷3000多斤的纪录。对报纸上的这些说法他感到非常震惊,一方面觉得权威的报道应该相信,一方面又觉得这一定是严重的浮夸和吹嘘。作为一个在生产一线多年的农业技术人员,他知道,当时最好的品种加上最好的栽培技术,亩产也难过1000斤。

报纸上是连篇累牍的高产浮夸,现实生活中却到处都是吃不饱的群众。有人实在饿得没办法,就去吃一种"观音土"。这是一种白色的土,闹饥荒的时候有很多人都吃过,这种土不能被人体消

第三章 曲折的科研之路

化。所以就不会饿肚子。由于不能吸收,没营养,人最后还是要死,但总归是个"饱死鬼"。袁隆平目睹了一名豆蔻年华的少女,因吃了观音土,不能大便,结果活活憋死了。"死时,她的眼睛竟因痛苦的挣扎像金鱼那样鼓了出来。回顾三年自然灾害的经历,我自己曾经挨过饿,看到了广大农民都在挨饿,还亲眼看到了饿死人的情景,还从报纸上看到毛主席和周总理都在带头节食,我更加深切地感受到'民以食为天'这句话说的是多么实在。"

袁隆平后来回忆说:"人有多大胆,地有多大产",可以骗那些没见过世面的农民,也可以骗那些没去过农村的城里人,但骗不了我们农业科技工作者。当时觉得,我们这些农业科技工作者的责任非常大,我们一定要尊重客观事实,用真实的数据回击浮夸风。

袁隆平决心自己通过科研实现真正的高产。他最早的研究对象是红薯。红薯又称番薯,是美洲印第安人培育的农作物,后来辗转传到中国。在当时的南方农村,水稻产量很低。红薯是人们的主要口粮,素有"野菜野果当杂粮,红薯要当半年粮"的说法。所以培育高产红薯有着非常直接的现实意义。

在上大学期间,袁隆平就学习了一些嫁接、分根、扦插等采用营养生殖繁育果树的知识。现在参加工作了,有了一定的科研条件,他就想运用自己掌握的知识提高红薯的产量。在人们的想象里,如果把萝卜和甘蓝进行杂交,培育出地上结甘蓝,地下长萝卜的新品种,就可以利用有限的土地获得最大的产量。这样类似的设想还有很多,比如地下结马铃薯、地上结西红柿的马铃薯西红柿,根为甜菜、叶为白菜的甜菜白菜等。但美好的愿望需要在符合实际的前提下,再付出艰苦的努力才会实现。

说到这里我们必须介绍一下当时中国学术界对遗传问题、育种问题的看法。由于受苏联的影响,中国育种学界只相信苏联认可的李森科-米丘林遗传学,对西方国家奉为经典的孟德尔-摩尔根遗传学弃之不用,还将孟德尔、摩尔根等人视为社会主义国家的敌人。李森科认为对哪一种是科学的遗传学的争论就像对"集体化"的争论,是无产阶级与资产阶级之间的斗争。1948年8月,苏联召开了全苏农业会议(又称"八月会议"),这次大会有1000多位代表参加。在大会上,李森科作了《论生物科学现状》的报告。在报告中他提出无性杂交获得的变异是可以遗传的。他认为无性杂交可以改良品种,创造新品种。他把孟德尔-摩尔根学说定性为"落后的、资产阶级的遗传学"。而将获得性状能够遗传的米丘林学说定性为"先进的、社会主义的遗传学"。

按照这个理论,如果将萝卜嫁接到甘蓝上,将会地下长萝卜,地上结甘蓝。它们的后代还是地下长萝卜,地上结甘蓝。这个现在中学生都知道不可能的错误的论断,在当时确是不能动摇的"真理"。在这个理论的指导之下,很多育种专家走了无数的弯路。

20世纪50年代,我国高等学校的遗传课程中主要讲授米丘林、李森科的遗传学说,袁隆平上大学学习的就是这套理论,他也成了这套理论的忠实拥护者。所以一开始搞科研,他也局限在这个理论所划定的小圈子里。他把一种"月光花"的植物的嫩枝嫁接到红薯上,希望上面结籽,下面接红薯,来提高红薯产量。果然,1958年,他嫁接的"月光红薯"获得了大丰收,其中最大的一兜"红薯王"达到了 13.5 千克。在那个浮夸的年代,袁隆平着实放了"一颗卫星"。不过,别人的"卫星"是吹出来的,他的"卫星"是实实在在的,有实验基础的。所以,袁隆平的"卫星"获得了人们的真心实意的称赞。

可是第二年,他将嫁接后得到的月光花的种子种下去,长出来的就是月光花,地下根本就长不出红薯;将红薯种下去,长出的就是红薯,不见了他前一年嫁接上去的月光花。他还做了其他的一些实验,比如尝试让马铃薯和西红柿杂交,获得能够地下结马铃薯,地上结西红柿的新品种,也没有获得成功。究其原因,是因为嫁接上去的月光花枝条的基因型还是月光花的,嫁接上去的西红柿的枝条的基因型还是和西红柿一样。即嫁接枝条不带有下面的"砧木"的基因。它们结的种子和没有嫁接的月光花、西红柿的种子没有区别,当然就不会长出马铃薯来了。

袁隆平开始感到迷茫,开始怀疑"无性杂交"理论的一贯正确性。在实验失败之后的苦闷和彷徨之余,他继续查找资料,希望找到可行的增产办法。在一次翻阅资料时,他偶然接触到了孟德尔-摩尔根遗传学理论,越读越觉得有道理,他开始怀疑李森科的"新遗传学"的真伪。一段时间之后,他虽然害怕受到批判而不敢公开讨论孟德尔-摩尔根遗传学,内心则转变成了孟德尔-摩尔根学说的坚定支持者。

三、接触杂交稻

早在 1859 年,达尔文就指出了"杂交优势"的存在。1866 年,奥地利修道士孟德尔根据他的豌豆杂交试验发表了论文《植物杂交试验》,提出了现在称为孟德尔遗传定律的基因的分离定律和基因的自由组合定律,从而奠定了遗传学的基础。20 世纪是遗传学高速发展的时代。孟德尔遗传定律于 1900 年被不同国家的三位遗传学家在各自设计的杂交实验中重新发现。至此,孟德尔的工作结果才受到重视。孟德尔也因此被称为遗传学的奠基人。1910 年美国遗传学家摩尔根发现了基因的连锁和互换定律,之后又提出了基因的染色体学说。使遗传学的发展达到了细胞遗传学的水平。1953 年美国分子生物学家沃森和英国物理学家克里克提出 DNA 双螺旋模型,标志着遗传学的研究深入到了分子水平。

遗传学的发展为农作物育种提供了坚实的理论基础和全新的操作思路,育种的方法也在不断创新。在 20 世纪 20 年代,美国首先利用杂交育种的方法培育出了高产玉米。玉米是雌雄异花的,进行人工杂交比较容易。水稻则是自花授粉的,而且花小花多,不易人工授粉。另外,当时的遗传学界普遍认为像水稻这样的自花授粉植物是不存在杂交优势的,所以进行人工杂交实验是徒劳的。袁隆平不认同这个观点,他认为遗传规律是普遍存在的,他要把这些遗传学原理尝试应用于水稻生产上。

1960 年袁隆平从一些期刊上获悉杂交高粱、杂交玉米、无籽西

第三章 曲折的科研之路

瓜等,都已广泛应用于生产实践中。这使袁隆平认识到:遗传学家孟德尔、摩尔根及其追随者们提出的基因分离、自由组合和连锁互换等规律对作物育种有着非常重要的意义。于是,袁隆平跳出了无性杂交学说的怪圈,开始大胆地向学生传授染色体、基因学说,讲授杂种优势利用在作物育种中的广阔前景,自己也开始向水稻的杂种优势利用方面探索。

1960年7月,袁隆平偶然在早稻试验田里发现了一株鹤立鸡群的水稻变异株。他如获至宝,把它的种子收集起来,结果第二年种下去之后长出的子代参差不齐,高的高,矮的矮。这使袁隆平大失所望,难道自己费尽心机找到的变异水稻是个废物?这让他辗转反侧,夜不能寐。"失望之余,我突然来了灵感:如果它是纯种的话,它就不会出现性状分离,因此,我推测它是一个天然杂交稻"。他立刻意识到这是一个突破性的发现,这更坚定了他搞杂交水稻的信心。袁隆平小心翼翼地把这些水稻子一代移栽到花盆里。第三年春天,他又把子一代的种子播到试验田里继续观察。从子二代的性状分离情况来看,前年那棵与众不同的水稻一定是个杂合体。也就是说,它是一棵天然的杂交稻。他想:既然自然界客观存在着"天然杂交稻",那就说明水稻可以在自然状态下实现品种间的杂交,那么让水稻在人工控制条件的情况下培育高产杂交稻就不是天方夜谭。

可是,水稻不同于玉米,在前面"杂交育种的过去与现在"中提到,要实现不同品种的水稻之间的杂交是非常困难的。在一个稻穗上,有几十个到上百个雌花和雄花并存,要让不同品种的水稻进行杂交,首先就要避免它自花授粉(自交),如果采用玉米那样的人工去掉雄蕊再人工授粉的方法,在操作上的难度是非常大的。更难的是,水稻花中的雌蕊,只在很短的时间内接受花粉。除了人工去雄以外,另一个选择是喷洒药物杀雄,存在的问题有药物的效率、喷洒时间的掌握等。

如果是小规模的实验,处理一两个稻穗,用人工方法是完全可以的。但要在农村大面积推广,就要求育种环节简单易行,这样才能让文化不高的农民学会,而且必须节省劳力,否则就会增加制种成本,最终没有推广价值。那么,怎样才能在不花费较多人工的前提下让不同品种的水稻进行杂交呢?这成了袁隆平每天都在思考的问题。

他开始搜集和这个问题有关的资料。那几年他自费订阅的外文资料派上了用场。他了解到,在植物群体中也存在个别不育的个体。有的是雌蕊不正常,有的是雄蕊不正常。这让他灵光一闪:如果找到雄性不育的水稻,将雄性不育系作为母本,和雄性可育的父本在大田中间隔种植,不就省去了人工去雄的烦琐了吗?这样就可以大面积进行水稻杂交种的培育了。

其实,在同一时期,国际上已经有人发现了类似的规律。美国人 Henry Beachell 于 1963 年在印度尼西亚进行杂交水稻培育,他因此被一些同行称为"杂交水稻之父",并因为这一发现获得了 1996 年的世界粮食奖。但他的杂交水稻在技术上还不成熟,未能进行大面积推广。

后来,日本科学家曾提出用不育系、保持系、恢复系三系法来

第三章 曲折的科研之路

培育杂交水稻,甚至提出了让野生稻和种植稻杂交,获得高产的杂交水稻。最终,日本人找到了雄性不育的野生稻,但他们培育的杂交水稻增产效果并不好,虽然后来又进行了多种尝试,却始终没能培育出具有产业化价值的杂交稻。

这些经验教训,偏居一隅的袁隆平当时并不清楚。他执著地认为,如果让一个优良品种的水稻"患上"雄性不育,再让它接受另一个优良品种的花粉,不就既避免了人工去雄的烦琐,又实现了两个优良品种的杂交了吗?有了这个思路,袁隆平觉得杂交水稻不是可望而不可即的梦了。可严峻的现实又摆在眼前:到哪里去找"患有"雄性不育症状的水稻呢?在水稻这个物种中存在这样的变异类型吗?如果真有这样的变异类型,它的遗传机理是什么?找到之后怎样操作呢?操作之后成功的概率又有多大?外国人拥有那么先进的条件都没有成功,我能成功吗?如果是一个谨小慎微的人,一定会被这一连串的难题所击倒。

但袁隆平没有考虑这么多,他把全部精力都用到了怎样培育杂交水稻这件事情上了,对名利、对成败他从来没有考虑过。

要培育杂交水稻,首先要解决的难题是找到水稻的雄性不育株。说是难题,解决办法又出奇的简单:就是寻找。炎热的夏季中午,正是水稻开花授粉的时刻。袁隆平和助手就一头扎进稻田,不管高温和酷暑,不论刮风和下雨,在上万亩的稻田里一棵一棵地观察,一块地一块地地寻找。其难度无异于大海捞针。1962年和1963年的夏天就在这样的苦苦寻找中迅速地过去了。

到了1964年夏天,袁隆平和助手继续寻找雄性不育水稻植株。

时间一天一天地过去了,每天都是从充满希望开始,又十分不甘心地结束。在苦苦地寻找了 15 天之后,袁隆平真的有些着急了,因为再过几天,一年一度的水稻扬花期就要过去了,错过了这个季节,就只能寄希望于明年了。

就在助手们都感到灰心丧气的时候,袁隆平依然鼓励大家和他继续寻找。因为那棵雄性不育株就是他实现水稻人工杂交的一把金钥匙。

火热的太阳无情地烘烤着大地。虽然他常年在野外劳作,却从来不采取防护措施。下雨不带雨伞,天热不戴草帽,是袁隆平的一大习惯。只要他一钻进稻田,就什么都忘记了,老伴强迫他带的雨伞不知道让他丢了多少把,让他戴的草帽也总是随手就放在一边,时间久了,遂不再打伞戴帽,无论下多大的雨,有多么晒人的日头,他都习以为常,眼都不眨一下,本来就一瘦小身材的小老头,又晒成黝黑亮堂的肤色,同事于是戏称:非洲"刚果布"。从小就注意身体锻炼的他,依靠强健的体魄战胜了无数个高温酷暑,从来没有因为天热而影响工作。他说:"有的记者说我中暑了还坚持工作,那是夸张。我从来不中暑,因为我身体好。"其实,没有人给他布置研究杂交水稻的任务,也没有人要求他在炎热的中午去寻找雄性不育株。这在当时,是一个世界性的难题,那些先进的植物研究所都觉得没有什么希望而不去花费他们认为是徒劳的精力。而且,事实上,一所小小的安江农校也承担不起这么大的实验项目,更何况在那样的年代,浮夸之风盛行,"卫星"纷纷上天,又有几人能够静下心来潜心科研呢?

第三章 曲折的科研之路

这就是袁隆平的可贵之处,没有想到成功与失败,没有想到名誉和金钱。只要利国利民,自己认准的事情,就要义无反顾地做下去。就是因为这份简单和执著,使袁隆平的人生波澜壮阔,意义非凡。

在1964年7月5日午后2时25分,在寻找雄性不育株的第3个年头的第16个工作日,袁隆平他们在经历了千辛万苦的寻找和无数次的失败之后,终于在大田中发现了第一棵天然雄性不育株。在随后的两年的时间里,他和助手们一共找到了6株天然雄性不育的植株。与此同时,他和助手利用这几棵不育株进行了很多组杂交试验,经过详细地分析试验结果,他们对水稻雄性不育遗传情况有了比较深刻的认识。袁隆平根据这两年的试验数据,结合自己的研究设想写成一篇论文——1966年在《科学通报》上发表的《水稻的雄性不孕性》。这篇论文所介绍的雄性不孕性是培育杂交水稻过程中的第二个重要发现。这也是国内首次报道水稻雄性不育性的问题。《水稻的雄性不孕性》是袁隆平的第一篇重要论文,其中,他提出了培育杂交水稻的三系配套战略设想,并描绘出培育杂交水稻的光辉前景。正是这篇论文,使他的工作受到了国家领导的重视,奠定了他在杂交水稻学界的最初地位。当时熊衍衡独具慧眼,把这篇论文上报给国家科委九局局长赵石英同志,赵石英又向国家科委党组书记聂荣臻元帅作了汇报。聂荣臻元帅非常支持研究杂交水稻,所以袁隆平本人和他的杂交水稻研究在"十年浩劫"中都没有受到太多的冲击,这在中国的科学研究领域是不多见的。

相关链接

雄性不育系及其遗传类型

雄性不育系是指因雄蕊的花粉发育不良而不育,但雌花发育正常,这样的植株不能通过自花传粉结实,也不能给其他植株授粉,但可以作为母本接受其他植株的花粉而结实。

表一 不育系的遗传类型及特点

	细胞质遗传	细胞核遗传	核、质互作遗传
不育基因	S	ms	S(细胞质中)、r(细胞核中)
可育基因	N	Ms	N(细胞质中)、R(细胞核中)
遗传特点	母系遗传,子代的育性基因总是和母本一致。	父本、母本都可以影响子代表现型。基因型为 ms ms 表现为不育,基因型为 Ms Ms 或 Ms ms 表现为可育。	只有基因型为 S(rr) 的个体表现为不育。只要质基因为 N 或核基因含有 R 都表现为可育。
缺点	难以用普通方法保持雄性不育系,所以难以广泛利用。	难以用普通方法保持雄性不育系,所以难以广泛利用。	是应用最广泛的类型。目前,玉米、水稻、高粱、蓖麻、洋葱、甜菜和油菜等作物都已利用雄性不育系培育出了有明显增产效果的杂交种,在其他作物中的应用也在积极研究。

第三章　曲折的科研之路

表二　不育系的遗传系谱

细胞质遗传	S(♀、雄性不育)×N(♂、雄性可育) ↓ S(雄性不育) N(♂、雄性可育)×N(♀、雄性可育) ↓ N(雄性可育)
细胞核遗传	Ms Ms(雄性可育)(♂)×ms ms(雄性不育)(♀) ↓ F_1　　Ms ms(雄性可育) 　　　　　↓⊗ F_2　　Ms Ms(雄性可育)　2Ms ms(雄性可育)　ms ms(雄性不育)
核质互作遗传	S(rr)(♀、雄性不育)×N(rr)(♂、雄性可育) ↓ F_1　　S(rr)(雄性不育) S(rr)(♀、雄性不育)×S(RR)(♂、雄性可育) ↓ F_1　　S(Rr)(雄性可育) 或　S(rr)(♀、雄性不育)×N(RR)(♂、雄性可育) ↓ F_1　　　S(Rr)(雄性可育)

第四章　用一生做好一件事

——培育杂交稻的岁月

天将降大任于是人也,必先苦其心志,劳其筋骨,饿其体肤,空乏其身,行拂乱其所为,所以动心忍性,曾益其所不能。

——《孟子》

一、心中有梦

　　我国北宋时期的思想家张载曾提出民胞物与的思想。原话是"民吾同胞,物吾与也",意思就是要有利他之心,要知道珍爱生命,要将老百姓当做自己的同胞兄弟一样爱护,对待其他生物就像对待人类自己一样。日本著名企业家稻盛和夫认为,人类活着的意义和人生的价值就是提高身心修养,磨炼灵魂,力所能及地做一些对社会有益的事情。社会发展到今天,我们当中有越来越多的人不再盲目追求经济上的利益,而是更多地考虑自己对社会的贡献有多大,自己的人生是不是更加有意义。在这个背景下举办的"2010中国心灵富豪榜"评选中,共有13人上榜。"杂交水稻之父"袁隆平被评为"中国心灵首富"。主办方对他的评价是:"他用一粒种子,改变了世界;他创造的社会财富,只有两个字可以形容——

第四章 用一生做好一件事

无价。而他自己,依旧躬耕于田畴,淡泊于名利,真实于自我。他以一介农夫的姿态,行走在心灵的田野,收获着泥土的芬芳。那里,有着一个民族崛起的最古老密码。"袁隆平的上榜,表明了我们当今社会的价值追求,也体现了袁隆平在人民群众心里的分量。

没人知道,他之所以取得今天的成就,竟源于他当年的一个梦想。

激起这个梦想的是他终生难忘的一件事:他常常想起1960年那场饥荒,他亲眼看到、亲身经历了饥荒,甚至看到有人活活饿死,还有人吃了观音土不消化撑死的,还有病饿而死的。"那样的场景,我一辈子都不会忘记,这种经历促使我不遗余力地研究杂交水稻。"日有所思,夜有所梦。袁隆平每天考虑的都是怎样让水稻增加产量,连做梦想的也是水稻。他是这样描述的:"我梦见我们的超高产杂交稻,植株长得比高粱要高,穗子有扫帚那么长,籽粒有花生米那么大,我好高兴!太阳那么晒,我就走过去,坐在那个稻穗下遮阴乘凉。于是我就给这个梦取了个名字,叫做'禾下乘凉梦'。但愿这个梦能够早日实现。"做一个美梦很容易,要把一个伟大的梦变成现实,就需要付出常人无法想象的大量艰苦的劳动和全身心的投入。为了圆自己的杂交水稻梦,他60年如一日,废寝忘食,殚精竭虑,苦心孤诣,攻关不止。为争取更多的研究时间,为了早一些做出成果,他像候鸟一样追赶着太阳,常年辗转在湖南和海南岛之间;为了实现心中的梦想,他一年中超过1/3的时间都在农田里头顶烈日,进行观察和研究。每年从播种到收获,袁隆平每天至少下田两次,晒得又黑又瘦,成了比农民还辛苦的农民;为了让这个梦想变成更完美的现实,现在已经85岁的袁隆平,仍然每天不辞辛苦,在农田和实验室里奔忙。下面一串数字粗略地表明了他的奋斗轨迹:

1966年,袁隆平在中国科学院主办的《科学通报》上发表《水稻的雄性不孕性》,这是他从事杂交水稻研究的第一篇重要论文。

1973年,袁隆平和助手攻克道道难关,实现"三系配套",次年育成第一个杂交水稻强优组合"南优2号",高产的杂交种证明,像水稻这样的自花授粉作物仍然是有杂种优势的,可以利用杂种优势夺得水稻高产。

1975年,袁隆平研制成功杂交水稻制种技术,为大面积推广奠定基础。1975年冬,国务院决定大面积推广杂交水稻,次年即在全国范围定点示范种植208万亩。

相比于常规稻,三系杂交水稻能够增产20%左右,平均亩产在450到500千克。

20年后,袁隆平的研究再上一个台阶。1995年,两系杂交水稻研制成功,产量比三系杂交水稻增加5%～10%,且米质有较大提升。

1996年,袁隆平提出超级杂交水稻育种目标和技术路线,2000年实现了第一期超级杂交水稻育种目标,大面积示范亩产达700千克。

2004年,袁隆平带领他的团队提前一年实现超级杂交水稻第二期目标,大面积示范亩产达800千克。

超级杂交水稻第三期目标为亩产900千克,按计划在2015年实现。实际于2012年提前获得成功,在湖南省隆回县的百亩试验田里亩产达到了926.6千克。在第四期目标亩产1000千克初步完成以后,袁隆平又在2014年12月提出了第五期目标,力争在2018年之前实现每公顷产粮16吨(亩产1067千克)。

袁隆平是一个有梦想的人,但他更是一位有智慧的科学家。从发现水稻的杂交优势,到历尽艰辛找到雄性不育株,再到三系配套成功,接着向两系法进军,他每前进一步,不仅需要奉献智慧、挥洒汗水,还需要常人不具备的勇气。不迷信权威,不囿于现存结论,以事实为依据进行创新思维,才使他在籼型三系法水稻杂种优势利用、两系法水稻杂种优势利用、超级杂交水稻的研究开发上新招迭出,成就斐然,直接推动和引领着中国杂交水稻事业,使中国的杂交水稻研究水平连续40多年一直走在世界前列。他培育的杂交水稻种在我国大面积推广,至2014年累计推广面积达62亿亩,按每亩比常规稻增产稻谷100千克计算,累计增产稻谷6200亿千克。

二、山重水复

——首克雄性不育关

1. 首战失利

自从1966年在《科学通报》上发表《水稻的雄性不孕性》以后,袁隆平的命运发生了改变。由于时任国家科委党组书记聂荣臻元帅的支持,研究杂交水稻的工作在"文化大革命"(后简称"文革")的"十年动荡"中也没有停止过。这对科研事业来说是不可多得的机会,但对袁隆平来说也充满了压力。自从在一些栽培品种中发现了可遗传的自然雄性不育材料以后,袁隆平带领大家进行了很多组杂交试验。他们让不同的籼稻品种杂交,也让籼稻与粳稻之间杂交,前前后后共做了3000多个组合,却一直没有培育出理想的不育系来。这些试验可以说是全都失败了。现实是无情的,4年的时光如流水一样过去了,夜以继日的辛劳并没有获得与之相应的回报。

2. 传统理论

在当时的育种学界有一种理论认为,由于自花授粉植物是大自然经过上万年时间的自然选择与进化形成的,它们的内在结构(基因)与外在表现(性状)已经与自花授粉活动高度一致。所以自花授粉植物要么杂交很困难,要么杂交后代没有杂种优势,或者产生了杂种优势却不能保持下去。按此理论推断,袁隆平等人让原本自花授粉的水稻进行人为杂交是不会取得什么成果的。

3. 另辟蹊径

实验的失败和学术界的批评,使得袁隆平的压力越来越大。在这种内外交困的情况下,袁隆平并没有放弃。他一面仔细分析实验的得失,一面积极向国内外的同行请教。

经过反复比对,他发现,他和同行所做的3000多个水稻的杂交实验,并不是没有显示出杂种优势,只是优势不显著。这是由于控制水稻的籽粒大小、营养物质含量的基因有很多对,属于遗传学上

第四章 用一生做好一件事

所说的数量性状。如果控制产量的基因只有两对基因 A、a 与 B、b，假如 A 和 B 决定高产，a 和 b 决定低产，AABB 产量最高，那么由 AAbb 和 aaBB 两个亲本杂交得到 AaBb，再由 AaBb 得到 AABB 的概率就是 1/16。假如水稻的产量是由 3 对等位基因决定的，那么，由 AaBbCc 得到 AABBCC 的概率就是 1/64。假如水稻的产量是由 n 对等位基因决定的，那么，由 n 对基因的杂合子获得纯显性纯合子的概率就是 $1/4^n$。所以，要使多对基因同时变成高产组合，成功的概率本来就是非常低的。其实，俄国植物学家瓦维诺夫曾经指出：让农作物与亲缘关系较近的野生植物杂交，可以提高农作物产量和抗逆能力。遗憾的是，当时包括袁隆平在内的中国科学家从未听说过这一消息。袁隆平和他的团队在艰辛地探索了 4 年之后，才得出了相似的结论。1970 年夏季，袁隆平在与日本学者交流的时候，产生了调整思路的想法。

屈原在《离骚》中写道："路漫漫其修远兮，吾将上下而求索"。这也可以作为对此时袁隆平的试验状况的真实写照。从人类已经掌握的遗传学知识可以知道，在一定范围内两个杂交亲本的亲缘关系越远，杂种后代的杂交优势越大。要尽快培育出优势明显的杂交稻，就需要找一个与栽培稻亲缘关系较远的类型做亲本与之杂交。人类栽培水稻已经有 8000～10 000 年了，现在的栽培稻和现在的野生稻已经有了非常大的差别，如果让它们进行杂交，杂种后代的优势应该会更加明显。袁隆平和助手们决定抛弃原来的经验和思路，另辟蹊径，拉大杂交组合的遗传距离，找到野生稻的雄性不育株，让它与栽培稻杂交。但又一个难题摆在了眼前：哪里有野生稻?找到了野生稻就能找到雄性不育株吗?

三、柳暗花明

——再克育性稳定关

为了多做一些试验,缩短试验的周期,袁隆平和他的助手夏天在湖南,秋冬季节到海南,哪里是夏天就出现在哪里,他们成了一群追赶太阳的人。1970年秋季时,袁隆平与助手李必湖、尹华奇再次来到海南岛崖县(现在的三亚市)南红农场。一面继续加代繁殖,选育C系雄性不育材料,一面考察野生稻资源。

袁隆平是个地道的城里人,小时候可能分不清韭菜和水稻,而他现在却钻进了水稻育种试验中。在别人眼里,海南岛天气炎热,杂草丛生,条件简陋,可他偏偏喜欢上了这个绿色王国。在他看来,这儿土地肥沃,树木葱茏,绿草如茵,百鸟欢唱,景色优美,确实是一片难得的乐土,一个世外桃源。在这里,他体验到的不是苦和累,而是探索的乐趣。在"文革"这个动荡的岁月里,这个荒僻而没有人际争斗的地方,非常适合他"自由散漫"的性格。

袁隆平并不像有的科学家那样,整天把自己"埋"在书本里。他是一个理论与实践结合的典范。白天,他们在田间劳作,稻田里咬人的蚊子又大又多,炎热的天气使他们汗流浃背,透不过气来。平常人只需在这里待上半个小时,就能深刻体会"锄禾日当午,汗滴禾下土。谁知盘中餐,粒粒皆辛苦"的真正内涵。到了晚上还经常停电,他们就点起煤油灯、菜油灯或蜡烛,尽管蚊叮虫咬,可他们

第四章 用一生做好一件事

还得在微弱的灯光下查阅资料,记科研笔记,忙得不亦乐乎。

他热爱生活,热爱大自然,更热爱自己的杂交水稻事业,当他看到播下的种子长出了充满希望的禾苗,看到沉甸甸的稻穗上结满丰硕的果实的时候,他觉得自己所有的辛苦付出都是值得的。

他是科学家,是导师,也是领着徒弟玩耍的"孩子王"。他活泼好动,精力充沛。为了让辛苦的科研工作不至于太枯燥乏味,有时劳作之余,他便忙里偷闲,带着尹华奇和李必湖到大海里去游泳。看水天一色,踏雪白浪花,真是轻松惬意的享受。

1970年11月,袁隆平北上进京查阅资料,并就有关问题向一些专家请教,李必湖和尹华奇则再次来到海南崖县寻找野生稻的雄性不育株。他们早起晚睡,风餐露宿,饥一顿饱一顿地在野外四处寻觅。炽热的阳光,肆虐的蚊子拦不住他们寻找的脚步;每天浑身汗水,一身泥泞,没有使他们产生厌烦;一次次的寻找,一次次的失败,没有使他们灰心。

11月23日,驻地农场技术员冯克珊陪同李必湖到南红农场附近的一块沼泽地。他们找到了一片约有0.3亩的野生稻。当时恰逢野生稻开花,是寻找雄性不育株的好时机。李必湖和冯克珊站在沼泽地里一棵一棵地观察。

功夫不负有心人,他们竟然发现了三个雄花异常的野生稻穗,这三个稻穗来源于同一个禾蔸,是由一粒种子长成的植株形成的不同分蘖。多少次的苦苦寻找终于有了结果,他们激动得说不出话来,泪水混合着汗水从脸颊上流淌下来。后来,他们把这蔸野生稻连泥挖出,移栽到试验田里,等袁隆平回来后再进一步鉴定。

接到李必湖的电报后,袁隆平赶紧从北京坐火车赶到了海南岛,他先是仔细观察了这棵野生稻的外观,然后又采集了它的花粉样品,放在显微镜下仔细观察,他看到这些花粉都是一些形状不规则的典败花粉,最终确认,这确实是一株十分难得的野生稻雄性不育株。袁隆平激动得跳了起来,连声喊道:"妙!妙啊!真是一株雄性败育的野生稻啊!太难得了!"由于它是一株野生花粉败育不育株,袁隆平为它命名为"野败"。

  他们像母亲哺育婴儿一样精心地培育着这棵"野败"不育株。11月24日,李必湖用试验田中一棵正处于抽穗末期的籼稻品种广矮3784与"野败"杂交,连续4天,共杂交8个组合,65朵小花,当年只收获了3粒种子。可以说,这3粒种子比金子还珍贵啊!时隔两个月后,到1971年1月,他们又采用无性分蘖繁殖的方法,发展到46株。这就是后来轰动世界的三系法杂交水稻的祖先之一——不育系。

  自从李必湖、冯克珊发现雄性不育的野生稻之后,海内外的科学家纷纷走出实验室,来到田野寻找野生稻。他们花费了大量人力物力,却再也没有找到一棵雄性不育的野生稻。所以有人说袁隆平是幸运的,3粒种子改变了世界,为三系法水稻研究奠定了基础。"野败"的发现和转育成功,改变了杂交水稻研究长期进展缓慢的现状。所以,袁隆平认为,"野败"的发现,是培育杂交稻历史上的第三个重大发现。这时,又有一个问题摆在他们面前:是将用"野败"获得的不育系封闭起来自己研究,还是散发出去让全国科技人员协作攻关呢?袁隆平此时想到的只是尽快研究出可以大面积推广的杂交水稻,而没有考虑自己个人的得失。他把利用"野

第四章 用一生做好一件事

败"回交转育获得的种子分发给全国同行进行研究,以便尽快攻克"三系"配套关。如果其他科研单位率先攻克难关,还有今天的"杂交水稻之父"袁隆平吗?我们可以预料,如果真是这样,杂交水稻之父会有的,但不会是袁隆平了。所以做出这个举动是非常不容易的,他更多的是在考虑国家的利益,更多的是在关心自己钟爱的事业的前途。不是放弃了小我,追求大我,是做不到这一点的。

后来,在总结发现"野败"的重大意义时,袁隆平说:"有人认为李必湖、冯克珊发现'野败'是因为运气好,我不这么认为。这个发现确实有一定的偶然性,但也有其必然性。这是因为李必湖是专门寻找野生稻的专业技术人员,当时全国长时间研究水稻雄性不育问题的,只有李必湖、尹华奇和我三人,所以我们只要遇到雄性不育的野生稻就能一眼认出。换作别人,即使遇到'野败'也不一定认识。这就是李必湖发现'野败'的必然性。"

"野败"发现之后,袁隆平等人先后用很多栽培稻种对其进行测交,发现"野败"的不育特征是可遗传变异,也就是说,雄花无效,雌花正常的雄性不育株真的找到了。后来进一步研究发现,"野败"的不育性状是由细胞核基因和细胞质基因共同作用的。"野败"的发现为不育系、保持系、恢复系"三系配套"奠定了基础,使杂交水稻研究走上了快速发展的道路。至此,大规模进行水稻杂交试验才真正成为可能。杂交稻研究发展也到了具有光明前程的辉煌阶段。

1971年,为了使杂交水稻更加快速深入地进行,上级将袁隆平调到湖南省农科院新成立的杂交水稻研究协作组工作。

1972年,袁隆平在《利用"野败"选育水稻不育系的进展》一文中写道:"用以前的材料和方法,采用筛选法和人工制造法,是很难获得能够稳定遗传的保持系的,至少我们感到前景很渺茫。唯'野败'表现与其他不育材料不同,真是异军突起,别开生面,给试验带来了很大起色!"

四、初现曙光

——攻克三系配套关

"野败"被发现之后,当务之急是利用它获得可供生产用的不育系栽培水稻。可它与栽培水稻之间的遗传差距太大了。"野败"是一棵野生水稻,说白了就是一棵杂草,它的身上除了雄性不育基因是我们需要获取的以外,其他性状的基因几乎都是没用的。所以,袁隆平和助手们需要将"野败"体内的不育基因置换到栽培水稻上,才有实际的生产利用价值。然而,从发现"野败"到实现"三系"配套,直到获得可以大面积推广的杂交水稻,这中间还有很长的路要走。

培育不育系和保持系

第一步要做的是水稻雄性不育系的转育。"野败"与栽培水稻杂交获得的杂种一代(F_1),就已经表现出非常优越的雄性不育保持功能。这是杂交水稻研究上的一个重要转折。但 F_1 除不育性以外,其他性状与普通野生稻很相似,没有生产利用价值。必须通过许多代的杂交试验,使"野败"的雄性不育基因转育到栽培水稻身上来,并逐渐把不利的基因淘汰掉。所以袁隆平就在自己的驻地办起了杂交水稻研究速成班,白天在试验田里示范技术操作,晚上给各地

第四章 用一生做好一件事

的技术员讲理论课,把自己多年积累的知识经验传授给大家。

在讲授《水稻雄性不育系转育的基本方法》一课时,他讲道:"水稻雄性不育系的转育过程,实际上就是基因的置换过程。我们用'野败'做母本与具有某种优良性状的栽培稻进行杂交,从它们的杂交后代中选择不育度高(像母本)、产量也高(具有父本性状)的个体留下来,让它再与父本回交。每回交一代就可以获得一些父本染色体增加50%的个体。连续回交4代以上,就可能获得24条染色体全部来自父本的个体,这样,可用于大田生产的不育系就培育成功了。"

1971年春,中国农业部把杂交水稻列入重大科研项目,"野败"分送南方10省市20多个科研单位进行协作攻关。先后用上千个品种与"野败"进行回交转育,总共设计了上万个杂交组合,终于将"野败"的不育基因转移到栽培稻身上来。

野败回交转育的具体过程可以用下图表示:

将不育基因转移到普通水稻体内之后,第二步是获得培育栽培用的保持系。培育保持系的步骤如下:

实际上培育保持系的工作是可以和培育不育系的工作同时开展的。1972年,江西萍乡市农科所颜龙安等育成了第一批水稻雄性不育系和保持系,初步解决了这个难题。

选育恢复系

但是仅有不育系和保持系是不够的,这两个品系的作用仅仅是保证能够持续不断地获得不育系,在进行杂交育种时,还需要代表另一品种的恢复系。恢复系与不育系之间的遗传差距要大,还要含有一对纯合的可育基因。将它的花粉授给不育系之后,不育系上产生的子一代杂交种是雄性可育的,能自交结实,而且这个杂交种必须有产量高、抗逆性强等优点,这样才能用于大规模生产。为了寻找"恢复系",袁隆平组织大家从世界上1000多个稻种中筛选出了100多个有恢复能力的品种。然后又从这些品种中选择与不育系遗传差距大,而且花药发达、花粉量大、恢复力高的品种作为恢复系。至此,不育系、保持系、恢复系"三系"终于配套成功了!杂交水稻的"三系"配套成功,是以袁隆平为代表的科研人员多年来无数心血的结晶。1973年10月,在全国水稻科研会议上,袁隆平作了题为《利用"野败"选育"三系"的进展》的报告,向与会者汇报了三系法杂交水稻配套的做法,也相当于宣布了"三系"配套成功的好消息。

相关链接

水稻的"三系"的概念

(1) 雄性不育系(代号 S(rr))是一类特殊的水稻类型,其外部形态与普通水稻没有多大差别,但雄性器官发育不正常,花粉败育,不能自交结实。雌性器官发育正常,能接受外来花粉而受精结实。这种雄性不育能稳定遗传的水稻品系叫雄性不育系(简称不育系)。

(2) 雄性不育保持系(代号 N(rr))。由于不育系本身的花粉是不育的,自交不结实,不能通过自花传粉繁衍具有不育特性的后代,因此必须要有一个正常可育的特定品种给不育系授粉并使之能结实,使不育系的后代仍保持其雄性的不育特性,这种能使不育系性能一代一代保持下去的特定父本品种称为雄性不育保持系(简称保持系)。

(3) 雄性不育恢复系(代号 N(RR))。一些正常可育的品种的花粉授给不育系后,结实正常,而且新产生的杂种一代育性恢复正常,能自交结实,并具有较强的杂种优势。这种能够恢复不育系雄性繁育能力的品种叫雄性不育恢复系(简称恢复系)。

(4)"三系"的关系:

不育系 S(rr) = 不育系 S(rr) ♀ × 保持系 N(rr) ♂

保持系 N(rr) = 保持系 N(rr) ♀ × 保持系 N(rr) ♂

杂交种子 S(Rr) = 不育系 S(rr) ♀ × 恢复系 N(RR) ♂

这三系中只有不育系是没有正常花粉的,通过保持系来保持它的不育性,不育系做母本由恢复系做父本恢复它的可育性,长出的种子才能开花结果。保持系和恢复系都有可育的花粉,可以自己繁殖。

(5)雄性不育的原理:

① 雄蕊是否可育,是由核基因和质基因共同决定的。

核基因:可育基因 R 对不育基因 r 是显性。

质基因:可育基因为 N,不育基因为 S。

② 核基因和质基因的关系:细胞质的可育基因 N 可使花粉正常发育,细胞核的可育基因 R 能够抑制细胞质不育基因 S 的表达。基因型为 S(rr) 的个体表现为雄性不育,基因型为 N(rr)、N(Rr)、N(RR)、S(RR)、S(Rr) 的个体均表现为雄性可育。

五、知难而上

——闯过杂交优势关

让黄粒玉米和白粒玉米间行种植,它们杂交产生的籽粒会更大、更饱满,总产量就比黄粒和白粒单独分片种植要高。这在今天

第四章 用一生做好一件事

已是公认的规律。可在20世纪60年代以前,人们的认识水平还普遍较低。尽管杂种优势已经成功地运用在玉米、高粱等异花授粉的作物身上,但多数育种工作者都认为像水稻这样的严格自花授粉作物是没有杂种优势的。袁隆平却在自己实践的基础上提出了挑战传统理论的观点:"自花授粉作物水稻具有杂种优势"。具体证据有三:

第一,在1960年发现的一株"天然杂交稻"身上已经发现了籽粒大、产量高等杂种优势,通过其子代身上的性状分离现象也进一步验证了杂交稻有优势。

第二,在稻田里常见的植株高大的"公禾"其实是一个杂交种。它是籼稻和粳稻之间异花授粉得到的杂交种,由于籼稻和粳稻的亲缘关系较远,存在生殖隔离,致使它几乎不能结实,所以才被人们称为"公禾"。

第三,国外也有人发现了水稻的杂种优势。美国人琼斯早在1926年就报道了水稻具有杂种优势,他发现杂种一代比亲本分蘖数多、产量高的事实;其他国家的学者也曾多次发现这种现象,在50年代后期曾有学者指出"水稻有杂种优势现象,籼粳杂种的优势更为突出"。可这些例子都是一些个别人发现的个别现象,这些观点自然也成了个别人提出的个别观点。

杂种优势的原理能不能用到杂交水稻上呢?这是众多农学界人士都怀疑的问题,也是袁隆平和他的协作者们当时必须回答的问题。

1972年秋,袁隆平的助手罗孝和进行了一次水稻杂交试验,以验证水稻具有杂交优势。他们用国内的"南广占"不育系与日本的恢复系"日本占"杂交,种植了一丘杂交稻,预计子一代的产量会超过父本、母本和对照品种,因而命名为"三超杂交稻"。结果,这些杂种秧苗长势十分旺盛,引起人们极大的兴趣,全国的水稻研究专家都十分关注。可是收获时,发现稻谷产量和对照品种持平,与父本、母本相比都没有明显的优势,而稻草的产量却比对照组增加一倍。这下反对者有了口实:"看来水稻这种自花授粉的植物即使有杂种优势,也只表现在营养生长上,主要体现在稻草上,不在我们需要的稻谷上。可惜人不是牛,人不能吃草啊!如果人能吃草,这个杂交水稻就有用了。"这些议论甚至风凉话使罗孝和一班人真的有了心灰意冷的感觉。袁隆平也被领导找去谈话,让他解释为何杂交稻只增产稻草而不增产稻谷。

在这个关键时刻,袁隆平没有被如潮的舆论和残酷的现实所击倒。他仔细分析了这次杂交试验,发现杂种子一代从植株高度、叶片长度、分蘖能力等方面都超过父本、母本和对照组,确实实现了"三超",也就是说,杂种子一代具有杂种优势是确定无疑的。至于这种优势没有体现在稻谷上,只能说明我们的试验方案还需要改进,不是说我们的试验彻底失败了。应该说,这个证明了杂交稻存在杂种优势的试验,具有非凡的里程碑意义。所以应该认为罗孝和的试验为袁隆平的设想找到了科学依据。

依据自己和助手们多年的理论与实践探索,袁隆平提出了理论上的指导:水稻具有杂种优势,这是客观事实;植物有没有杂种优势,不是由它的生殖方式决定的,而是由杂交亲本的遗传差距决

第四章 用一生做好一件事

定的;像水稻这样的自花授粉植物也同样具有杂种优势,所以杂交水稻的前途是光明的,研究过程中出现这样那样的问题是必然的,作为育种工作者要想办法解决这些问题,让水稻的杂种优势早日体现在稻谷上。

这个观点提出以后,受到多数育种专家的认可与支持,也消除了杂交水稻科研人员的顾虑。他们以更加饱满的热情投入到这项伟大的事业中。此后,杂交水稻的研究势如破竹,几年的时间就取得了令全世界瞩目的成就。

1973年春,袁隆平将自己用9年时间培育的籼型杂交水稻优良品种在南方推广,取得了显著成效。在湖南省农科院的试验田里,创下了亩产505千克的记录。1974年5月,袁隆平主持选育的新品种南优2号小片区亩产高达675.83千克。1975年,南优2号在湖南全省试种,产量名列第一。南优2号等一批杂交稻强优组合诞生,使杂交水稻的优势一下子显现出来,这项先进的技术也迅速撒播全国。

至此,关于杂交水稻有没有杂种优势的理论之争,被袁隆平和他的助手们用事实平息了,也从这个时候起,反对培育杂交水稻的声音才逐渐消失。

六、豁然开朗

——攻克繁育制种关

"三系配套"成功,国内外媒体铺天盖地的报道,使袁隆平一夜之间成了名人,但这时他并不轻松。杂交水稻虽好,但广大农民要的是实实在在的实惠。虽然杂交水稻的产量比原来的水稻产量高了很多,但它的种子太贵,总体算来,农民并没有增加多少收入,使得农民种植杂交稻的积极性并不高。那么,杂交稻种为什么太贵?是袁隆平等人卖得太贵吗?还是批发商加价太高呢?都不是,是制种技术还不成熟,导致杂交稻种的产量太低。

每个人都希望自己的事业一帆风顺,但挫折和失败总是时刻伴随着人们前进的脚步。在袁隆平最初的制种试验田里,每亩只收获稻种5.5千克,这点种子能种多少地呢?得卖多贵才能不亏本呢?农民买了这么贵的种子,每亩地得出产多少稻谷才能有盈余呢?这是个谁都会算的成本账。

所以这时有人认为,水稻是自花授粉植物,花粉量小、寿命短,雌蕊的柱头小且又多数不外露,开花的时间又很短,这一系列特征是它上万年进化的结果,是与自花授粉相适应的,是不利于异花授粉的。这些特征也注定了杂交水稻过不了制种高产关,杂交水稻无法大面积推广。

对此,袁隆平作为一线科研人员当然也了如指掌。虽然来自各方面的压力让他有些喘不过气来,但他并没有被困难吓倒。科研道路上的风风雨雨,早已对他构不成什么威胁;多年的摸爬滚打,早已使他百炼成钢。关键时刻,他就是全体攻关人员的主心骨,他的态度和胆识决定了杂交水稻的明天是光明还是黑暗。他结合在田间实际调查出的数据辩证地分析了自花授粉的问题。他指出,水稻的稻花结构确实有不利于异花授粉的一面,但水稻至今还保留有其祖先风媒传粉的一些特征,这也是有利于杂交的一面;

第四章 用一生做好一件事

水稻的花粉又小又轻,在开花时随颖片打开几乎全部逸出,有风时可以传到40米远的距离。从单个花药来看,水稻的花粉确实比玉米和高粱等异花传粉植物少,但水稻的总花颖多,花粉总数并不少。从袁隆平等人的实地检测结果来看,以南优2号父本为例,在10天的授粉时间里,每天每平方厘米的花粉密度达500粒左右,完全可以满足母本柱头受精的需求。

袁隆平指导技术人员

在杂交水稻的制种方面,袁隆平不仅提供了强有力的理论支持,而且还始终在生产一线亲力亲为。在挫折和困难面前,袁隆平从来不会退缩。他坚信每一次失败都可以为最后的成功积累经验,解决接连出现的难题就是研究者的使命。从1973年冬天开始,袁隆平就在海南探索制种高产规律。袁隆平发现,水稻的花期很短,如果父本和母本开花的时间有差别,就会使大量的花粉白白浪费。所以,要提高稻种产量,就要了解不同品种的水稻什么时候分蘖,什么时候扬花,什么时候授粉结实。还要了解在什么条件下开花,比如温度、光照、水分等外界条件怎样影响水稻的开花等。简单点说,就是要了解水稻的生物钟。要做到这一点,没有任何捷径,只有在水稻的生长期里去大田进行实地观察。在天气炎热的海南岛,在最炎热的中午,在我们多数人躲进有空调的室内还觉得热的时候,袁隆平却顶着日头去观察水稻。他亲自观察杂交亲本的开花时间,再推出适宜的播种期,以保证父本和母本的花期一致。他还让技术人员采用割叶剥苞、赶粉等人工辅助授粉措施提高水稻授粉的机会。

在生产实践中,他还发现,植物生长调节剂"920"以及"多微灵"应用于制种上能减轻不育系包颈程度,提高不育系柱头外露率,增大开颖角度,延长开颖持续时间,还可以延长不育系的开花时间,促使不育系和恢复系的花期相遇,使不育系异交结实率提高,最后稻种产量也随之提高。此外,袁隆平还根据自己和伙伴们的观察,发明了两人拉着一根绳子赶粉和用小簸箕收集父本的花粉,再进行人工辅助授粉的办法,弥补自然授粉的不足。

1975年,湖南省协作组的一片制种田亩产达到了29千克,高产片区甚至突破了50千克大关。袁隆平及时发表了论文《杂交水稻制种与高产的关键技术》,指导全国同行提高种子产量。

1975年10月20日,由袁隆平等培育的籼型杂交水稻通过验收鉴定,鉴定结论认为:杂交稻在同等条件下有明显的增产效果,一般能提高产量20%。1975年冬天,湖南省政府加大了杂交水稻推广的力度,由袁隆平牵头指导技术人员到海南岛培育杂交稻种。由于指导有方,措施得力,第一次大面积制种获得成功,一些单位达到了亩产55千克的水平,有的制种队突破了亩产150千克大关。后来,杂交水稻还成了中国向美国出口的第一个农业专利,为祖国赢得了荣誉。

由于突破了制种低产关,1976年,在国务院的大力支持下,杂交水稻开始在全国大面积推广。

第四章 用一生做好一件事

此后,杂交水稻的推广就可以用一帆风顺来形容了。但袁隆平作为培育杂交水稻的主要功臣,却没有满足现状。作为在第一线成长起来的杂交水稻专家,他对杂交水稻的优势了如指掌,对在生产实践中暴露出的问题也洞若观火。

中国现行杂交水稻制种技术是劳动力密集型技术,整个制种过程需靠大量人力操作,这样也就间接地提高了制种成本。因此,怎样把众多的劳动力从烦琐的制种工作中解放出来,怎样降低杂交水稻的制种成本,提高农民主动自愿种植杂交水稻的积极性,仍然是袁隆平等水稻育种专家们所急切关心的问题。他明白,只有制种成本降低之后,种子的售价才能降低;种子的售价降低了,也就减轻了农民的种地成本,相当于提高了农民的实际收入。这些市场层面的问题,作为育种专家的袁隆平是经常考虑的,也因此才有了他日后提出的两系法和一系法。

七、百折不挠

——直面"文革"风云

袁隆平为人正直坦荡,想到啥就说啥,他全部身心地投入到杂交水稻上,可以说是"两耳不闻窗外事"。因为这个性格,他没少吃亏。袁隆平回忆说:"在上世纪50年代末,春播季节,上级指示必须在某天完成播种。结果正赶上寒潮,播下的秧苗全烂了。但我在试验田里按天气的实际情况推迟播种期,秧苗保住了。为此,我说农业上的'八字宪法'(水、肥、土、种、密、保、管、工),要加一个

'时',要让领导知道农时对农业生产多么重要。我不知道'八字宪法'出自最高领袖毛主席之口"。

"这下就筐瓢哒(方言,完蛋了,不行了的意思)。我立即成了篡改农业'八字宪法'的'修正主义分子',篡改'最高指示'的'现行反革命分子'……校园内出现了一百多张指向我的大字报,培育秧苗的60多个坛坛罐罐被砸得稀巴烂,试验秧苗也被摔坏了。说实在的,我倒不是怕批斗,我只是怕耽误科研的宝贵时间。"

1966年5月,史无前例的"文革"开始了。在这场"深刻的革命"中,袁隆平属于学校里第一批被批判的人之一。他的"问题"主要有两个:一个是"出身问题",还有一个是"现行问题"。关于出身问题,是指他父亲曾在南京国民政府侨务委员会当过科长。被定为"历史反革命",而他那温文尔雅、在旧社会读过洋书受过教育的母亲也被定为"反革命"分子。因此,袁隆平被划为了"黑五类狗崽子"。关于现行问题,一是指他修改"八字宪法",另一是指他"宣扬资产阶级学说",即他不赞同苏联学者米丘林的观点,却宣扬美国学者摩尔根的遗传学说。证据就是发表在《科学通讯》上的论文《水稻的雄性不孕性》。还说他是"自由散漫,典型的资产阶级知识分子"。"革命小将"放出风来,准备对他"老账新账一起算"。

"文革"虽然开展得如火如荼,粮食问题却一直是中国领导人极为重视的问题。由于中国人多地少,遇到水灾、旱灾、病虫等自然灾害时常常发生饥荒,因此,毛主席也提出过"以粮为纲"的战略思想。袁隆平在《水稻的雄性不孕性》一文提出了培育杂交水稻的构想,这一构想受到了国家科委书记聂荣臻元帅的重视,并派人过

第四章 用一生做好一件事

问杂交水稻的培育进展。1966年6月,国家科委致函湖南省政府,要求省里支持袁隆平进行杂交水稻研究。1967年,湖南省科委将"水稻的雄性不孕性"研究定为省级科研课题,并从场地、资金、人员等方面支持袁隆平的科研工作。省里给袁隆平划拨了600元的科研经费,并承诺以后逐年增加。600元钱虽然不多,但在当时比一个普通人一年的工资还要多。袁隆平用这笔钱购买了种子、化肥,为了节省经费,他还从一座瓦窑买了一批烧得不太好的瓦盆,用来栽培水稻秧苗。学校对袁隆平的科研工作也大力支持,特意划出0.5亩优质水田,作为袁隆平培育杂交水稻的试验田。

为了更好地开展杂交水稻研究,袁隆平提出让自己的两个学生尹华奇、李必湖留校当自己的助手。湖南省农业厅批准了他的请求,答应给这两个学生每人每月18元的生活费。这样,由袁隆平、尹华奇、李必湖师生三人组成的杂交水稻研究小组算是正式成立了。从此,研究杂交水稻从袁隆平的单打独斗变成了一个科研小组,而袁隆平的个人理论构想也变成了国家立项支持的科研课题。

袁隆平的科研工作获得了国家支持,他可以正大光明地从事杂交水稻研究。他也努力排除"文革"的干扰,利用学校停课"闹革命"的空闲时间积极研究。每天都早出晚归,出入在田间地头,在宁静美好的科研天地里自得其乐。

但是,树欲静而风不止,"革命小将"没有忘记袁隆平这个"反革命的臭老九"。他们可不管袁隆平的科研工作重要不重要,也不管他的科研是哪一级的课题。他们对袁隆平先是"文攻",校园里贴满了攻击袁隆平的大字报。"向资产阶级反动知识分子袁隆平猛烈开火!""砸碎袁隆平的狗头,砸烂资产阶级的盆盆罐罐!"批判袁隆平的标语、大字报和漫画足足有100多张。接着是"武斗""革命小将横刀立马,历史罪人统统低头"。对袁隆平开展的杂交水稻试验,"造反派"也下了结论:"这个试验是三岁小孩搞的玩意儿,根本搞不出什么名堂""这是袁隆平为逃避革命斗争和陷害他人而装样子的,既可向上面交差,又可金蝉脱壳"。红卫兵先是把"资产阶级知识分子"搞育种科研的瓶瓶罐罐彻底砸烂,又在1968年5月18日,将整个试验田彻底毁坏。面对接二连三的大字报批判,袁隆平始终不以为然,但是当他听说"造反派"要砸烂自己的瓶瓶罐罐时,他担心了,自己多年的心血白费不说,国人什么时候才能摆脱饥饿啊。三天后,袁隆平趁着红卫兵松懈的时候急忙跑到试验田。他看到稻田里乱成一锅粥,试验用的秧苗全部被拔出或踩烂,已经枯死的秧苗散落得到处都是。看到这种景象,袁隆平一下子惊呆在田埂上,自己四年的艰苦努力白费了,好不容易找到的雄性不育株也可能就此灰飞烟灭。但他很快冷静了下来,在试验田前前后后仔细寻找起来。最后,他在田边的一口井中发现了一些散落的秧苗,沉下去的都已淹死,只有飘在上面的5棵还有一线生机。他偷偷地把这几棵秧苗移栽到自家的花盆里,才使自己几年的心血没有彻底报废。

这些打击并没有让袁隆平退缩,他虽然表面上表现得顺从听话,背地里还在坚持研究。因为他觉得自己搞杂交水稻不是为了个人,而是为了让老百姓吃上饱饭,也是为社会主义建设服务的。

第四章 用一生做好一件事

就这样,袁隆平的科研小组在那个纷乱喧嚣的年代仍旧全神贯注地进行着杂交水稻的研究工作。

1969年6月,学校"革委会"安排袁隆平和几个刚"解放"出来的"黑五类"分子,一起去二百多里外的溆浦县低庄煤矿当工人。这让袁隆平无比痛心,不为别的,只是无法再研究杂交水稻了。令他意想不到的是,在煤矿只待了两个月,他就被调回学校。

袁隆平对此百思不得其解。培育杂交水稻的试验虽几经劫难,但又每次都能绝处逢生,自己多次被批斗整治又很快转危为安,自己咋就那么幸运呢?多年后才真相大白。原来袁隆平的论文《水稻的雄性不孕性》发表后,国家科委的公函不仅保证了杂交水稻的研究,也保护了袁隆平,使他在混乱的"文革"中没有受到大的伤害。由此可以看出杂交水稻已经不是袁隆平一个人的事,而是整个国家解决粮食问题的希望了。

当然,"文革"十年对杂交水稻研究还是有很大的影响的。可以肯定的是,如果没有"文革",杂交水稻肯定能够提前面世。抛开"文革"迫害对袁隆平等人的精神打击不算,单是各方面都忙于"革命"无暇顾及生产的影响就够大的。比如在1975年的时候,湖南省农科院曾有人提出利用海南岛常年夏季的优越气候条件,组织大批育种人员到海南岛去育种,以加快杂交水稻的育种进程。这一提案得到了多数育种专家的认可。可是当袁隆平、陈一吾两人进京向农业部汇报时,却因到处都在"闹革命",有关领导无暇听取汇报而作罢。还有前文所讲的"革命小将"破坏试验成果,都会影响育种的进程。万分庆幸的是,从总体上讲,杂交水稻研究还是得到了国家的大力支持,这使得我国的杂交水稻培育工作多年保持国际先进水平。

八、殚精竭虑

——向两系法进军

中国种植水稻的历史可谓源远流长。但对它的产量高低,历朝历代都不如今天这么重视。这与党和政府的高度重视有关,也与我国地少人多的现实状况有关。20世纪60年代的矮秆革命,使我国水稻产量提高了20％,70年代袁隆平主持培育成功的三系法杂交水稻又比矮秆水稻的产量提高了20％。平均亩产达到450千克左右。这是我国水稻产量的两次大幅度提高。但进入80年代以后,杂交水稻的发展到了瓶颈期。袁隆平感到三系法虽然产量高,但也存在杂交组合配伍有限、种子生产环节复杂、需要大量劳动力等缺点,这些缺点不仅使三系法的推广消耗大量的人力、物力,也增加了制种成本。在这种情况下,袁隆平开始探寻新的增产之路。为了克服三系法杂交稻的诸多不足,他梳理了自60年代以来我国在杂交水稻方面的研究历程,提出了从三系法向两系法再向一系法进军的发展战略。

1986年10月,在长沙举办的世界首届杂交水稻国际学术研讨会上,袁隆平作了题为《杂交水稻研究与发展现状》的报告。他的报告令包括国际水稻研究所所长斯瓦米纳森博士在内的二十多个国家的杂交水稻专家震惊不已:三系法杂交水稻的增产效果已经

第四章 用一生做好一件事

发挥到了极限,不改变思路不会有大幅度提高;三系法杂交水稻的育种程序太过复杂,育种周期长,杂交配伍有限,制种成本高,种子价格贵。所以,袁隆平提出,三系法杂交水稻必须淘汰!要从三系法简化为两系法,再简化为一系法,使育种程序由繁到简,杂种优势由弱到强,种子成本由高到低,稻谷产量也要有大幅度提高。由于两系法杂交水稻的战略意义,1987年我国将其列入国家高技术研究发展计划(863计划)的攻关项目。

袁隆平提出这样的战略构想是有理论依据的,早在研究三系法的过程中,他们就有了与两系法相关的很多新发现。

国内最早研究两系法杂交水稻的是原安徽省芜湖地区农科所的江鸿志,他从20世纪70年代初就开始了这方面的研究。江鸿志让有遗传标记的恢复系与不育系杂交,将它们结的种子培育成秧苗,再根据秧苗是否有标记性状来区分杂交稻和不育株。这样就省略了保持系,达到恢复系一系两用的目的。但他选择的不育系的不育性不稳定,在生产上难以利用,最后只能停止了这方面的研究。

1973年,湖北省沔阳县的石明松在粳稻中发现了一株特殊的自然不育株。经研究发现,它的不育性是受一对隐性的核基因(aa)控制,正常植株(雄性可育)的核基因型为AA或Aa。这种性状既受基因控制,也受日照长短的影响。基因型为aa的水稻在长日照条件下表现为雄性不育,在短日照条件则表现为雄性可育。因此,这种不育株被称为光敏型核雄性不育。

根据光敏型核雄性不育株的特点,我们可以让它在长日照条件下(夏季)开花,作为雄性不育的不育系母本;也可以让它在短日照条件下(春季)开花,作为雄性可育的保持系。这样就实现了将不育系和保持系合二为一,达到一系两用的目的,杂交水稻也就从原来的三系变成了两系。

由于这种不育性状是基因突变引起的可遗传变异,能稳定地遗传给后代,所以可以通过杂交将不育基因转移到具有某种优良性状的母本身上。这样,母本的选择范围扩大了。这种不育性状是受细胞核内的一对隐性基因控制的,很多品种都可作为恢复系与它杂交,这就大大拓展了可用于杂交的亲本组合范围,为杂交水稻的发展极大地拓展了空间。

所以,这种光敏型核雄性不育株一经发现,就受到了各个科研单位的重视,被迅速地应用到杂交水稻培育中来。

后来,又有育种工作者在籼稻中发现了多个光敏型核雄性不育类型。也有育种工作者发现了温敏型核雄性不育类型,它的育性主要由温度变化制约。再后来又有育种工作者发现了一些中间类型,这类材料被统称为光温敏型核雄性不育系。

1992年,为了让全国同行及时分享自己的科研成果,袁隆平写了《选育水稻光、温敏核不育系的技术策略》一文。在这篇论文里,他回顾了自己和同行们多年的研究历程,指出了培育两系法杂交稻的技术关键。

在实际生产中,光周期和温度一般是正相关的,比如春天光周期变长,气温也逐渐升高。但在阴天、雨雪等特殊气候条件下,光周期和温度又可能表现得不一致。比如某一年春季由于连续降雨(雪),气温偏低;或因为长时间干旱,气温偏高。这些不良气候也

第四章 用一生做好一件事

给杂交水稻的育种工作带来了很多困难。

根据杂种优势的原理,水稻的不同品种间遗传差距较小,所以品种间的杂交稻优势有限。而不同亚种的水稻遗传差距较大,利用不同亚种作为亲本得到的杂交稻比品种间杂交稻可增产30%,但培育亚种间杂交稻技术难度大、成功概率低。此外,亚种间杂交稻还有一些缺点,比如稻苗徒长、生长期太长、结实率偏低、籽粒饱满度较差等。

所以,要大幅度提高水稻的产量,最好培育亚种间杂交稻。还要想办法让杂交稻扬长避短,抛弃遗传差距过大造成的缺点,保留高产优势。这些问题都要一一解决。

袁隆平的助手罗孝和很好地解决了这些问题。罗孝和培育出了世界上第一个有实用价值的品种间籼型低温敏不育系"培矮64S",使杂交水稻从三系法真正变为两系法,也为培育亚种间杂交水稻打下了基础。"培矮64S"是应用最广泛的两用核不育系,累计种植面积达1亿多亩,占两系法杂交水稻面积的70%以上,增收的水稻价值100多亿元。罗孝和因此荣获2001年国家科技进步奖一等奖。

为了克服水稻开花期间温度不稳定对水稻不育性的影响,罗孝和在水稻要开花时让人抽取水库底层的冷水灌溉稻田,这个发明从根本上保证了低温敏不育系水稻的育性控制,使两系法杂交稻顺利铺开。

袁隆平带领大家经过9年的努力,到1995年,终于培育出了产量高、操作简便、品质优良的两系法杂交水稻。在1996年国务院的政府工作报告中提到了这个重大科技成果,该成果还被列为全国十大科技新闻的第一条。两系法克服了三系法的一些缺点,简化了制种程序,降低了种子成本,而且扩大了用于杂交的亲本组合范围,使杂交稻进一步增产10％～15％,米质也更加优良。最出名的两系法新品种"香两优68"产量高,米质好。种过的农民一提到这个品种都纷纷竖起大拇指说:这个品种真好!

1996年,两系法杂交水稻开始大面积推广。随后,适于长江流域种植的两系法杂交早稻也培育成功,于1998年开始示范推广种植。到2000年,全国累计推广两系法杂交水稻5000万亩,十年来累计推广1.2亿亩,累计增加产值110亿元。

截止1998年,全国有15个两系杂交水稻组合通过品种审定,61个光温敏核不育系通过技术鉴定,累计种植两系杂交稻1600万亩。其中安徽省有"700As"等5个光温敏核不育系和"70优9号"(皖稻24)、"70优04"(皖稻26)、"70优双九"(皖稻48)3个两系杂交粳稻组合通过技术鉴定或品种审定。

两系法的成功,使杂交水稻的研究达到了一个新的高度。与袁隆平一起艰苦奋斗三十多年的罗孝和,一位从山区走出来的农家子弟,如今已是中国当代著名的水稻育种专家。谈到自己取得的成就,他谦逊地说:"这一切都归功于袁老师的指导,没有他的指导就没有我的今天。"在袁隆平的悉心指导下,罗孝和、李必湖、邓华凤等一大批育种专家成长起来,成为我国杂交水稻事业不可或缺的中坚力量。

两系法杂交水稻是我国首创的高新技术,它不仅简化了育种程序,降低了制种成本,而且扩大了亲本组合范围,提高了强优势组合出现的概率。

原中国水稻研究所所长闵绍楷感慨地说:"我真佩服袁隆平,在每一个关键时刻,每一个困难面前,他都毫不动摇,各种困难都难不倒他。"

在两系法杂交水稻育种理论的启发下,两系法杂交高粱、两系法杂交油菜、两系法杂交棉花、两系法杂交小麦相继研究成功。我国农作物育种创造出了新的辉煌。

袁隆平后来在回答记者关于成功的原因时说:"我认为知识+汗水+灵感+机遇=成功。知识是基础;有了知识,又刻苦钻研,才能产生灵感;再遇上好的机遇,才能取得成功。如果没有丰厚的知识底蕴,即使再努力、流再多的汗水,在科研时也不会迸发出灵感;即使有好的机遇,也会错过。"

他还说:"我认为一个科学家不能迷信权威,也不能迷信书本,更不能取得一点成绩就沾沾自喜,自以为是。科学没有止境,只有勇于创新,才能取得丰硕的成果。"

九、再创辉煌

——超级杂交水稻

1997年,袁隆平提出了培育超级杂交水稻的技术思路。他从超级稻的标准、杂交亲本的选择、杂交过程的实施等方面进行了阐述。国际水稻研究所也在2001年提出了超级稻的标准:亩产达到

800千克以上。从此世界上有很多国家都开展了超级稻的培育工作。

那么,怎样获得超高产的组合呢?这是育种工作者要花费更多精力要做的工作。袁隆平在他的论文《杂交水稻超高产育种》中提出,可以从以下三方面入手:

(1)利用亚种间的杂种优势选育超高产组合。

亚种间杂交稻比品种间杂交稻具有更强的杂种优势,因此,这是当前最现实的有效途径。

(2)利用野生稻的有利基因选育超高产组合。

1995年,国家杂交水稻工程技术研究中心与美国康奈尔大学合作,采用分子标记技术,结合田间试验,在野生稻中发现了两个重要的基因位点,每一基因位点具有比当时的高产杂交稻增产18%左右的效应。可以运用基因工程技术将这些优秀基因转移到栽培稻体内,获得较大幅度的增产。

(3)利用新株型超级稻选育超高产组合。

国际水稻研究所培育的新株型超级稻将比现有的高产纯系品种增产20%,进一步,新株型超级稻将用于选育籼粳亚种间杂交稻,其产量又可增加20%~25%,两者相结合,可把热带水稻的产量潜力提高50%。

围绕培育超级杂交稻这一核心工作,袁隆平展开了许多卓越有效的工作,下面我们具体介绍一下这个过程。

(一)利用亚种间的杂种优势选育超高产组合

袁隆平指导育种工作者将产量高、米质优良的不同亚种的水

第四章 用一生做好一件事

稻作为亲本,将它们杂交得到的杂种子一代作为种子给广大农户种植。结果发现,这些杂交稻表现出了巨大的优势:一是穗大粒多,如,"培矮64S/E32""两优培九"两个新品种平均每穗总粒数在180粒以上,最高的超过了250粒;二是根系发达,能充分摄取土壤中的矿质营养;三是茎秆粗壮、重心低、抗倒伏、稻穗载重量可达25克;四是灌浆及成熟期较长;五是结实率高、充实度好。在1999年的杂交稻示范中,有14个百亩片和1个千亩片亩产达700千克以上,达到了农业部制定的超级稻标准。在云南永胜县涛源乡试种点,小片亩产达到了1139千克,创造了当时水稻单产的世界纪录。在2000年,袁隆平宣布超级稻亩产700千克的第一期目标已经完成。

2002年,在湖南龙山县的百亩示范田里,杂交水稻平均亩产817千克,已经达到了国际水稻研究所制定的超级稻标准。据袁隆平提供给记者的一份数据表明:常规稻、三系法杂交稻、两系法杂交稻和超级稻单位面积产量比为100∶120∶129∶181。又经过两年的调整和完善之后,袁隆平在2004年宣布超级稻亩产800千克的第二期目标已经完成。

但是,面对杂交水稻产量不断创下新高的好消息,有人却指责杂交水稻高产不优质,说杂交水稻"米不养人、糠不养猪、草不养牛"。

事实是否真是如此呢?袁隆平没有过多地辩白,他选择了用事实说话。有一次广东省韶关市农业局召开稻米品质鉴定会,邀请有关领导和专家80多人参加。农业局选送了六个稻米品种,其中两个为进口优质米,两个为广东的名牌优质米,还有两个杂交水稻品种,采用编号保密和无记名打分的方式进行鉴定。结果得分名列榜首的却是高产的杂交水稻新品种"香优63"。

袁隆平说:"我们要做到的是米质优良同时又要保证高产。"

我们在看到一串串数字的时候,很少想到研究者们背后的艰辛,更少去探究他们研究中的科学道理。在这里我们介绍一下什么样的水稻才算是超级稻,袁隆平等科研人员是怎么培育超级稻的。

要提高农作物的产量,一般有两条途径:改善土地条件和改良品种。良好的土地条件是保证农作物高产的外界条件,优良的品种是获得高产的内在保证。

所以,袁隆平等育种工作人员不仅要培育优良品种,还要研究这些品种的生长条件,指导农民怎样平整土地,怎样施肥,怎样进行科学的田间管理。

例如,科研人员认为在栽培方面,需要做好以下几方面的工作:

(1) 软盘育秧。

俗话说:"秧好半年禾",只有育好秧、育壮秧才能让品种的个体优势充分显示出来。采用塑料软盘育秧,可以为每粒种子的生长提供平等的条件。目前普遍采用的是小孔软盘。在每个孔中播一粒发芽良好的种子,生长期短的早稻也可以每孔播2~3粒。这样不但可以避免大田散播浪费种子,而且播种后的软盘移放到秧床上,管理起来也十分方便。在有条件的地方,也可将播种后的软

第四章 用一生做好一件事

盘放置室内,实施工厂化育秧,这样便于控制温度、湿度和肥料。到出秧时,连同软盘一起卷起,运输十分方便。一般经过10～13天,幼苗便可长到2～2.5叶左右。

(2) 幼苗移栽。

当幼苗长到两叶一心的时候,是进行大田移栽的最好时机。这个阶段,苗比较小,移栽时注意不能深插,以能摆稳秧苗为好,这样根尖容易往下扎,并且耗能少,一般第二天小苗就能长出新根,有利于促进分蘖,可大大提高产量。如果苗太大的时候再移栽,则会影响到分蘖,稻谷产量会明显降低,品质也会有所下降。移栽最好采用单苗移栽的方式,它能充分发挥个体优势,分蘖快,低位分蘖多,使叶片、分蘖和根系得到合理的排列和配置,这样生产出来的水稻粒大,饱满,从而实现足穗、大穗、高产的目标。

(3) 合理稀植。

"稀禾结大谷",超级水稻的栽培要从以往的"合理密植"转变为"合理稀植"。中稻一般株行距以8寸×8寸左右为宜。早、晚稻可酌情增加密度。

合理稀植,这样禾苗在田间通风透光性好,有利于形成大穗。同时,在足够的空间条件下,水稻单株分蘖一般可达50～60个。所以,合理稀植既有利于大穗的形成,又能达到足够的穗数。

(4) 科学施肥。

超级杂交水稻以亩产800千克为目标,每亩需要氮12千克、磷6千克、钾9千克。氮、磷、钾的比例一般为1∶0.5∶0.8,基肥和追肥的比例为7∶3。具体用量和比例要视土壤肥力差异,因地制宜,选择科学合理的搭配。

但要特别强调的是:超高产栽培需要重施有机肥,一般每亩应施用腐熟堆肥1500~2000千克,或猪牛粪800~1000千克作基肥。堆肥和厩肥等有机肥料,不仅本身肥效全面,而且有利于改良土壤结构,促进根系生长,给土壤中固氮微生物的繁殖创造良好的条件,为水稻生长提供更多的氮源。

(5)湿润灌溉。

水稻是耐水作物,但不是水生植物。根系长期处于淹水状态时,由于土壤缺氧,土壤中有毒物质增加,会使根系发育不良,活力下降,严重阻碍营养物质的吸收和输送。

因此,要想获得超高产,就必须坚持采用以湿润为主的灌溉方法。

一般在水稻营养生长期间,土壤以湿润为主,并间歇地让土壤干至微拆。使根系在直接获得氧气的同时不断往下深扎,吸收更多的养料和水分。

水稻孕穗期,稻田宜保持3厘米左右的薄水层。

收获前5~7天,将水排干。

(二)利用现代育种技术提高杂交稻产量

(1)利用诱变育种技术。

从产生培育超级杂交水稻的构想开始,袁隆平就在琢磨如何利用现代育种技术提高杂交水稻的产量。

随着我国航天事业的飞速发展,袁隆平的育种思路从稻田拓展到了太空。他在进行超级稻育种的试验过程中,积极参与我国

第四章 用一生做好一件事

尖端的航天育种工程。太空环境为微重力、强辐射、高真空。这种特殊的环境下,容易使种子和微生物产生基因突变。而基因突变是生物变异的根本来源,是生物进化的重要原因之一。杂交育种的方法,说到底是利用现有的不同品种的基因进行重新组合,而基因突变能产生现在地球上没有的基因类型,会大大丰富育种时的选择范围,增产的效果也会更加显著。

早在1996年10月,袁隆平就将精选处理过的杂交水稻种子搭载在我国发射的卫星上,这些种子在太空经过15天的宇宙射线照射之后返回地面。同年12月到第二年4月,在三亚的育种基地完成了这些太空种子的第一代种植,1997年5月在长沙国家杂交水稻工程技术研究中心的试验田进行了第二代育种种植,共种植了229个株系,44 987株。通过现场观察测量、分析发现,很多子代都表现出了高频率的变异,个别性状的变异频率高达12.36%,而一般用X射线照射得到的变异率只有0.125%,宇宙射线处理的种子的变异率提高了100倍。

实验报告送到"863"课题组,最先看到这份报告的航天育种专家蒋兴村院士不敢相信这是真的。"12.36%的变异率,这简直是神话。地面自然变异的概率仅有百万分之一!是不是搞错了?"他立即与有关人士联系、询问。袁隆平院士在报告上很认真地签署了意见:"情况属实,请有关领导给予大力支持。"

(2) 开展籼稻基因组测序工作。

在袁隆平大力推进超级稻研究的时候,美国、菲律宾等国家的科研机构也启动了超级杂交水稻研究工作。2000年4月初,美国最大的基因工程公司孟山都公司宣布,他们完成了水稻的基因组测序,但他们做的是粳稻;同时日本也搞了一个国际水稻基因组计划,做的也是粳稻。袁隆平从自己多年的育种实践知道,粳稻杂交种并没有显著的杂交优势,所以研究的超级水稻是杂交籼稻。籼稻为什么能更多地表现出杂交优势?这和它的基因组有什么关系?袁隆平等有识之士想到,像中国这样一个人口超级大国,如果吃饭的问题也需要向外国购买知识产权,那将是多么巨大的负担。如果中国率先完成超级杂交水稻的基因组测序工作,就可以拥有这一农业高科技的知识产权。所以在2000年,袁隆平与杨焕明、于军、汪建、刘思奇等人领导的中科院遗传所人类基因组中心进行合作,启动了超级稻计划的"姊妹计划"——"水稻基因组测序和重要农艺性状功能基因组研究",要从基因这个微观水平上破解杂交水稻的高产密码。接下来的几年里,他们在完成超级杂交水稻基因组测序的基础上,又开展了与产量提高、米质提升有关的基因研究,在分子水平上探索超级稻的增产方法,以保证超级稻在国际上不落伍。他们希望通过超级杂交稻的基因组测序工作解决以下问题:第一是高产,第二是优质,第三是抗病,第四是耐寒,第五是抗逆转等。

2002年12月12日,中国科学院、国家计委、科技部联合宣布,我国已完成水稻(籼稻)基因组"工作框架图"和数据库。同时表示我国将遵循国际惯例,将所有的研究数据公布,供全球育种工作者免费共享。这是我国科学家为人类作出的一项重大贡献,也是一项在生命科学领域中具有世界领先水平的重大科技成果。这项工

第四章 用一生做好一件事

作和杂交水稻研究互为依托,相互促进。

(3)利用基因工程技术提高水稻产量。

袁隆平认为,超级杂交水稻仅仅达到亩产 900 千克的高产是不够的,还要力争优质。按照他的设想,要让超级稻的米质从三级或二级提高到一级,抗逆能力也要大幅度提高。要在短期内达到这些目标,运用传统的杂交育种技术是很难实现的,必须借助当今的基因工程等高新技术才能实现。他开始积极与基因工程方面的专家合作。他了解到香港中文大学的辛世文教授是一位世界一流的植物基因工程专家,就积极与辛教授探讨合作研究超级杂交水稻的事宜。辛教授早在 1980 年就提取、克隆出了世界上第一个植物基因,同时第一个发现植物基因也含有插入序列,因而被国际同行誉为"克隆植物基因之父"。2001 年 7 月,袁隆平开始与辛教授合作,让传统育种技术与现代基因工程结合起来,努力培育出产量更高、品质更加优良的优质杂交水稻。为了使这个计划更有成效地完成,他们还邀请专门研究植物光合作用的美国华盛顿州立大学华人科学家古森本教授加入进来,强强联合,共克难关。

人们早就知道,水稻、小麦等多数植物属于 C_3 作物,而甘蔗、玉米等原产热带的植物是 C_4 植物,C_4 植物的光合作用效率要比 C_3 植物高得多。如果运用基因工程技术将 C_4 植物中与光合作用相关的基因转移到水稻体内,将会大大提高水稻的产量。其他的比如将野生稻和其他种属的有利基因转移到水稻体内,培育远缘杂交水稻,在增产效果上也会非常明显。

2001 年 11 月,袁隆平在世界农业科技大会上发言时指出:可以借助现代生物技术加速超级杂交水稻的研究。除了将玉米体内与光合作用有关的基因转移到杂交水稻体内的研究之外,利用高技术优化米质的工作也全面展开。

(三)超级杂交水稻的培育成功

2006年年初,袁隆平接受记者采访时说:"超级杂交水稻的研究已在2000年、2004年分别完成了第一、二期目标。第一期超级杂交水稻每年的种植面积平均有3000万亩,平均亩产达到了700千克;第二期超级杂交水稻平均亩产能达到800千克,今年已开始推广。第三期超级杂交水稻现已进入攻关阶段,预计2010年完成,平均亩产将要突破900千克。要完成第三期目标难度很大,就像跳高一样,到一定程度再提高就非常难了。从育种方法上来看,一、二期目标采用的是常规育种技术,三期目标要更多地依靠现代生物技术,特别是将基因工程技术和常规育种技术结合起来,利用外缘的有利基因实现水稻的大幅度增产。……对于第三期目标我们充满信心。水稻的光能利用率可以达到5%,将此数对折,以长沙的辐射量来计算,水稻亩产就能达到1500千克,所以培育高产水稻是有理论依据的。我们在2005年就出现了最高亩产900千克的地块,但只有一两亩,还没有达到国家规定的两个百亩片连续两年亩产900千克的指标。今年我们争取在公顷级地块上达到亩产900千克,争取2010年完成任务。"

在第三期目标基本完成之后,袁隆平又提出了第四期、第五期目标。第四期目标为平均亩产1000千克,已在2014年完成。2014年12月袁隆平在三亚接受记者采访时说:"我希望启动超级杂交

第四章 用一生做好一件事

水稻第五期攻关,每公顷的产量可以达到 16 吨。"2015 年在接受《农民日报》记者采访时他说:"原计划 2018 年完成每公顷 16 吨的攻关目标,争取提前两年实现。尽管国际上理论水稻产量极限为每公顷 15.9 吨,但我们就是要突破这个极限"。这位已经 85 岁高龄的科学家,仍然健步如飞地活跃在田间地头,在研究超高产杂交水稻的道路上奋勇前进着。

超级杂交水稻给农业生产带来希望和光明。超级杂交水稻具有穗大粒多、抗倒伏、光合能力强、适应性广等优点,具有广阔的推广前景。通过超级杂交水稻大幅度提高水稻产量大有希望。如果用超级杂交水稻全部代替目前生产上应用的杂交水稻,即推广 2.3 亿亩,按平均每亩增产稻谷 100～150 千克计算,每年可增产稻谷 230～345 亿千克,可以解决 6000 万～8000 万人的口粮。可以说,超级杂交水稻是 21 世纪增加我国粮食的重要途径,是养活未来中国 16 亿人口的根本出路,也是解决未来世界性粮食危机和饥饿问题的有效途径。它将对我国国民经济和社会的发展以及世界和平和粮食安全等方面产生巨大的影响。

在我国,随着城镇化进程的推进,开发用地占用了不少农田。随着工业经济的持续增长,农业经济已经落在后面。袁隆平密切关注和思考着农村的发展和农业的出路,他说:"现在中国人口仍然在逐年增加,但随着城市化进程的推进,耕地每年减少 600 万亩,占所有耕地的 0.3%。这样人多地少的矛盾将越来越突出。要确保我国的粮食安全,只能依靠科技进步,用有限的土地生产出更多的粮食,所以我们搞超级杂交水稻有重大的现实意义。"

可喜的是,国家有针对性地采取了一些有效的"反哺农业"的措施,对农业实行"多予、少取、放活"的政策,逐年免征农业税。从2005年开始,中共中央开始推进社会主义新农村建设。这年年底,全国人大正式通过决议,自2006年起全国免除农业税,在法律层面上为保护农民利益和促进农村社会的发展提供了强有力的保障。这一切,使中国广大农村迎来了崭新的发展空间。

十、百尺竿头

——向一系法进军

袁隆平在书房内挂有自己写的一首七绝:"山外青山楼外楼,自然探秘永无休。成功易使人陶醉,莫把百尺当尽头。"诗词表明了他探秘杂交水稻永无休止的决心。

在三系配套杂交水稻早已大面积推广,两系法水稻也因发现了光温敏核不育特性有了实质性的成果之后,袁隆平和助手们又开始考虑向一系法进军了。

一系法的最大优点是不再需要年年制种,种子优势没有变异,由三系法到一系法的过程是一个由繁复到简单、由低级向高级进步的过程。在保证高产的前提下,一系法最大限度地减轻了劳动量,从而降低了制种成本。种子便宜了,也就变相地增加了农民的收入。

虽然一些种子经营部门,包括有的科研人员都反对一系法,但袁隆平认为,一系法一定要搞,科学应该是不断进步的!

第四章 用一生做好一件事

三系法的育种程序和生产环节较为复杂,选育新组合的周期较长、效率偏低,因而具有推广环节偏多、更新速度缓慢以及种子成本居高不下、价格昂贵等不利因素,这些不利因素使三系法杂交水稻在种植面积和产量提高上都受到了制约。因此,三系法被淘汰只是时间问题。而两系法具有配组自由、一系两用以及能避免不育细胞质负效应等优越性,所以两系法是三系法向一系法过渡的良好选择。目前我国杂交水稻制种主要采用两系法,但也在积极探索一系法。2014年1月,袁隆平和他的团队凭借"两系法杂交水稻技术研究与应用"项目获得2013年度国家科技进步奖特等奖。

所谓一系法,即培育不发生性状分离的子一代杂种,将杂种的优势固定下来。无融合生殖被多数科学家认为是培育一系法杂交水稻的可行办法。对此,袁隆平认为,将无融合生殖用于杂交水稻育种是一项价值巨大、希望巨大,同时也是难度巨大的研究课题,将会是我国的一项长远战略目标。他在20世纪80年代就开始考虑无融合生殖的实施问题了。

1986年,他参加意大利米兰国际无融合生殖学术会议,回国后不久就提出了利用无融合生殖材料固定杂种优势,实现一系法远缘杂交育种的战略设想,并很快将这项研究申请了国家科委的"863"高技术研究发展计划。在他的战略设想引导下,不仅湖南杂交水稻研究中心组织开展了无融合生殖水稻的研究,而且在全国范围内也迅速掀起了一股研究水稻无融合生殖的热潮,连台湾地区的研究机构也积极参与进来。在短短数年内,各研究单位就发现了相当一批水稻无融合生殖材料。国家杂交水稻研究中心的赵炳然和黎垣庆也各有所发现。90年代江泽民、李鹏等中央领导前去视察时,都曾通过电子显微镜观看了相关的细胞显微图像。

所谓无融合生殖,就是无性种子生殖。也就是说,一般情况下,种子的胚芽都是由雌花的卵子和雄花的精子融合孕育而成的,但有的一颗种子中存在几个胚芽,其中有个别胚芽不是由双亲的精卵融合,而是由母体单方面的细胞组织发育而成的。这种胚芽成长后育出的后代,可以通过种子保持一个亲本的遗传特性,因而可以用来固定杂交优势。但是,无融合生殖是一种非常复杂的现象,判定某一异常胚芽是否确属无融合生殖,必须有严格的遗传学和胚胎学鉴定。要找到一种具有实用价值的无融合生殖材料是非常困难的。曾有国外科学家经过半个世纪的努力,才正式登记了两个具有无融合生殖特性的杂交牧草品种。

然而,进入90年代之后,美、英、日等国水稻科研界还是相继开展了有关研究,菲律宾国际水稻研究所也把这项研究列为水稻研究新的前沿问题之一。可见袁隆平的杂交水稻育种战略思想对整个国际水稻科技界的影响有多大!

培育一系法杂交水稻还有一个思路。在湖南省农科院和农学会联合举办的一次研讨会上,有两位学者的发言引起了袁隆平和与会同行的注意。他们就是福建农业大学博士后流动站的博士后黄群策和湖北大学生命科学学院院长蔡得田教授。他们提出了利用水稻杂种优势与诱导水稻多倍体相结合的办法实现超高产育种,甚至实现一系法育种的新设想和某些初步实验结果。

水稻是二倍体作物。从生物变异的规律来看,水稻变成四倍

第四章 用一生做好一件事

体以后,植株的花、叶片、果实和种子都会增大,因而可以导致作物增产。而且要使二倍体变成四倍体在技术上已经非常成熟,只需用秋水仙素处理萌发的种子或幼苗就可以了。因为秋水仙素能抑制有丝分裂时的纺锤体形成,使染色体在细胞分裂时无法分配到两个子细胞中,进而使细胞染色体加倍。

由于多倍体这种变异是由染色体数目整倍的变化引起的,所以多倍体可以稳定地遗传。

这是它比一般有性杂交后代容易发生性状分离明显优越的地方。因此,国内外曾有很多育种工作者尝试过多倍体水稻研究。但是,多倍体的果实和种子虽然较大,结实率却很低,所以培育多倍体可以用于像甘蔗这样不需要种子的作物。对水稻来说,多倍体并不适宜。实践证明,无论是美国、日本、印度还是我国科学家搞出的四倍体水稻,都存在着结实率低的问题,以致达不到高产的目的。所以,自20世纪60年代以后,这项研究就基本上停滞下来。曾有一位非常优秀的教授做了很多年多倍体水稻研究,最后不得不喟然长叹说:"没想到多倍体水稻这么难搞。要早知道,我就不会搞了。"所以,当年袁隆平在努力提高稻谷的产量的时候,没有选择培育多倍体,而选择了杂交优势利用之路,他是幸运的,也是明智的。

现在有人提出将多倍体育种和杂交育种相结合的思路,袁隆平觉得还是可以探索的。由于科学技术的发展和进步,生物技术在21世纪得到迅猛发展,杂交育种、人工诱导多倍体育种、单倍体育种、人工诱变育种等众多育种方法与基因工程、细胞工程相结合,极有可能培育出以前人们闻所未闻、见所未见的新品种。

总体来说,一系法杂交水稻的研究虽然还处于探索试验阶段,好在袁隆平已经培养了很多育种方面的专家,这些人当中既有理论水平非常高的博士,也有实践经验非常丰富的技术人员。他们已经为一系法在21世纪的成功打下了坚实的智力基础。

十一、谁来养活中国

——杂交水稻的巨大贡献

1994年美国世界观察研究所所长莱斯特·布朗博士在《世界观察》杂志(1994年第9—10期)上发表了题为《谁来养活中国?》的文章。这篇文章一经发表立即在世界上引起了巨大的反响,几乎所有重要的国际性报刊和新闻机构都在显要位置上作了转载和报道,中国政府和学术界也迅速做出了强烈反应。随后,布朗又在几个重要的国际会议上发表讲话,宣扬他的观点,并不断补充新的证据。1995年下半年他又出版了系统全面地论述他的观点的专著——《谁来养活中国?》。

在《谁来养活中国?》一书中,布朗向全世界也向中国提出了"谁来养活中国"的问题。他提出这个问题的前提假设是中国在1990年至2030年期间将实现持续而快速的工业化。他从日本、韩国和中国台湾地区的共同经历中发现:在工业化之前人口密度就很高的国家和地区,即人均占有耕地很少的国家和地区,在快速工业化的过程中必然伴随着耕地的大量流失和粮食的大量进口。他

第四章 用一生做好一件事

把这一发现当做一条规律确定下来。布朗根据中国和国际上某些机构发布的统计数据,分析了中国未来30～40年间的人口、人均消费水平、耕地、复种指数、水资源、化肥投入、单产和生态环境的动态趋势,他也分析了未来世界上主要粮食出口国和进口国的供给与需求情况,由此得出了五条重要的结论:

(1)中国改革开放30年来,经济迅速腾飞,人均收入提高很快。富裕起来的中国人要喝牛奶、要吃肉,而饲养牛、羊、猪等动物要消耗大量的粮食,再加上中国人口还在逐年增加,据此预计中国每年的谷物需求量将达到4.79亿～6.41亿吨。与此同时,由于快速实现工业化、迅速推进城市化,使大量的农田被占用,这样一来,中国每年的谷物总产量将减少1/5,只有2.72亿吨。需求与产出的巨大差距,使中国每年出现2.07亿～3.69亿吨的谷物缺口,而目前全世界每年的谷物出口量只有2亿吨,不够的粮食从哪里来?

(2)富裕起来的中国将有足够的外汇进口所需要的谷物,但是世界上谷物出口是有限的,中国将会使世界进入粮食短缺时代。世界粮食市场也会从1990年起由买方市场转变为卖方市场。

(3)中国大量进口粮食,会导致粮价大幅提高,致使一些低收入国家和低收入人口无力购买口粮而导致饥荒。粮食是所有物资的基石,粮价上涨会引发世界范围内的经济崩溃,也会在贫穷国家引发骚乱。

(4)目前,开放的中国已经是全球经济体中重要的一环,中国的经济需求将通过国际贸易对全世界产生影响,中国的粮食问题、土地压力也将对全球生态系统造成巨大的压力,导致地球生态系统崩溃)。

(5)中国的粮食缺口不但会让全世界的穷人买不起口粮而引发动荡和骚乱,还会破坏人类赖以生存的自然生态系统,而这种危害的严重性要远大于军事入侵,不但会危害现在地球上的人类,还会危害我们的子孙。所以,我们应从粮食短缺的角度重新看待人类"安全"的问题。

综上所述,布朗先生提出的不仅是"谁来养活中国"的问题,还是"一个养活不了自己的中国将给世界造成多大压力"的问题。

《谁来养活中国?》向世界也向中国敲响了警钟,也成为某些"中国威胁论"者抵制中国的借口。在改革开放30多年后的今天,大多数国人已经能够理智而辩证地面对这些言辞了。很多有识之士指出,布朗先生的担忧不是没有道理,我们在发展过程不可避免地会占用耕地,我们在发展过程中确实需要越来越多的粮食。解决供给和需求的巨大矛盾的有效措施,除了尽量少占用耕地以外,就是想办法提高粮食单产。袁隆平等人研究的杂交水稻为提高粮食单产提供了一个可行的办法。从杂交水稻开始推广到现在,中国通过自己的努力,证明了可以通过提高粮食单产的办法缓解粮食不足的问题。

1976年,全国示范推广杂交水稻面积达208万亩,全部增产20%以上。全国粮食总产量达到28 631万吨,比1965年增长47.2%。仅从1976年到1987年,中国因推广杂交水稻获得的增产就有1亿吨以上,这些增产的粮食足以解决6000万人的口粮。使人口众多的我国于上世纪80年代中期实现粮食的自给自足。由于推

第四章　用一生做好一件事

广杂交水稻等高产农作物,我国用不足世界 7% 的耕地解决了占世界 22% 人口的粮食问题。

事实证明,杂交水稻不仅解决了中国人的温饱,而且给世界人民带来了福音,为保障世界粮食安全、促进世界和平作出了巨大贡献。

自 20 世纪 90 年代开始,联合国粮农组织就大力推广杂交水稻,帮助发展中国家解决粮食短缺问题。袁隆平除了在国内继续主持超级杂交水稻的研究外,也着力向世界各地推广这项先进技术。在亚洲、非洲、美洲等地,中国的杂交水稻产量比当地的水稻成倍提高。在几内亚,当地水稻的产量只有 1.5~2 吨/公顷,中国的杂交水稻则达到 6~7 吨/公顷。

越南曾经是稻米进口大国,1993 年起推广中国杂交水稻 4 万公顷,单产增产 40%,当年就增收水稻 1 亿千克。现在,越南杂交水稻种植面积已突破 65 万公顷,是亚洲仅次于泰国的第二大稻米出口国。还有,印度借鉴中国的杂交水稻技术培育出了适应当地气候的新品种,菲律宾在中国专家的指导下,水稻单产提高了 2~3 倍,开始脱离粮食进口国阵营……

美国水稻技术公司通过与中国合作研究,已培育出适合美国气候和消费需求的杂交水稻。到 2009 年,美国杂交水稻种植面积已占全国水稻总面积的 30%,达到了 40 万公顷,杂交水稻比当地水稻品种增产超过 25%。

到 2014 年,杂交水稻已在全球 50 多个国家进行了试验示范,并在 10 多个国家得到大面积推广。我国先后为来自发展中国家的

2000多名农业官员和技术人员开展了杂交水稻技术培训、在菲律宾、利比里亚、马达加斯加等许多国家,我国还援建了农业技术示范中心,开展杂交水稻的研究和推广,并先后向毛里塔尼亚、加纳等国家派出了700多名农业专家,帮助发展杂交水稻。截止到2014年,杂交水稻在国外的种植面积已达到550万公顷。所以,杂交水稻让发展中国家找到了粮食增产的途径,为世界粮食安全作出了巨大贡献。

袁隆平向国外同行介绍杂交水稻的增产情况

第五章 辉煌的成就,做人的楷模

一、当不当官,是个问题

1. 拖累科研的官不当

从1966年开始研究,到1975年突破三系法制种技术,杂交水稻已经正式宣告培育成功。1975年的冬天,国务院决定大面积推广杂交水稻,次年即在全国范围定点示范种植208万亩。1978年后,杂交水稻在全国迅速铺开,当年就推广到了6400万亩,到了1983年,杂交水稻种植面积突破1亿亩。不仅如此,经过广大技术人员手把手的指导,广大农民也从种植杂交水稻上得到了真正的实惠。随着联产承包责任制的实行,三系杂交水稻成了一项进入千家万户的成熟技术。

随着杂交水稻的推广应用,袁隆平作为三系法杂交水稻的主要发明人,声望也越来越高,荣誉与地位开始向他涌来。1978年2月,他被推选为第五届全国人民代表大会代表;3月在全国科学大会上获得杂交水稻研究项目奖和科研人员个人奖,6月被评选为湖南省先进教育工作者;10月出席湖南省科学大会,获集体与个人发明奖;随后,他被正式调入湖南省农科院,并被破格晋升为研究员。1979年,又先后当选为农业部科学技术委员会委员、中国作物学会副理事长、中国遗传学会理事和湖南生物学会理事、湖南遗传育种学会副理事长、湖南农学会理事。

随着"四人帮"的垮台,"十年动乱"结束了。党的知识分子政策也开始在袁隆平身上得到落实和体现。中共湖南省委组织部的一位领导同志甚至亲自找上门来动员他入党。一系列迹象表明,除了前面提到的他所获得的那些荣誉之外,还有一个领导位子正虚位以待。

在"文革"期间,他顶多不过是一名可以教育、可以改造、可以利用的"黑五类分子"的子女。之所以没被批判和打倒,也是因为他有培育杂交水稻的一技之长。虽然多年来他始终不分昼夜地在试验田里搞科研,却从来没机会评先进、当劳模,更不要说什么入团入党、从政当官了。而现在,党和国家真正地开始尊重科学,尊重知识,尊重人才,不分门第,唯才是举了。

原来省委组织部的领导打算让他担任省农科院院长。

在我国,公职人员的政治和物质待遇是按干部级别来分配的。有了比较高的干部级别,不仅可以在用车、配秘书、配服务员等方面享受一定待遇,还能调动更多的物资和资金(比如科研经费)。如果袁隆平只是一名普通的研究员,在研究杂交水稻工作上就难以调动众多的科研人员,统筹使用大笔的科研经费。所以,让他担任省农科院院长也是为了更好地开展杂交水稻研究事业。

然而,对于袁隆平来说,这却是一个使他颇为踌躇的问题。虽

第五章　辉煌的成就，做人的楷模

然担任领导工作有很多好处，甚至也能给自己的科研争取更多的经费，调动更多的人才。但是一旦当上领导，牵扯精力的事情太多了，他担心又要做领导，又要搞科研，哪个也做不好。如果做领导和科研两个里面让他挑一个，他还是愿意科研。他希望保有行动的自由，并且有更多创造科研新成果的时间和机会。因为他心里清楚，搞科研自己是内行，是专家；做领导自己就是外行，作为一个年届五十的人来说，去学习怎样做领导，他觉得自己确实不合适。他觉得与其让他去学习怎样做领导，还不如让他继续从事自己喜爱的杂交水稻研究。

从杂交水稻研究状况来看，目前的三系法杂交水稻可以增产20％，也将很快在全国推广，但他并不满足于这些成绩。自打从杂交水稻正式投产的第一天起，他就公开指出当前的三系法杂交水稻还存在着"三个有余，三个不足"的缺陷，即前劲有余，后劲不足；分蘖有余，成穗不足；穗大有余，结实不足。因此，袁隆平指出，三系法杂交水稻还不完善，有很多地方需要改进，我们只有通过技术创新，让杂交水稻从三系法到两系法，再到一系法，才能让育种程序从繁到简，让育种成本从高到低，让稻谷产量持续增加，让稻米品质更加优良。此外，袁隆平认为，杂交水稻仅仅在中国大面积推广是不够的，我们还要让它走向世界，为世界的粮食增产作出贡献。

考虑到这些方方面面的工作，袁隆平最后真诚地对领导说："领导同志，谢谢组织上对我的关怀。我这些年一直在搞科研，当领导我不在行，省农科院那么大的摊子我实在是忙不过来啊。我自己的性格我非常清楚,我还想踏踏实实地继续研究杂交稻。实质性的领导我是一定不当的。但既然组织这样关心我,从接受组织安排的角度出发,我就当个名誉院长吧。"

组织部的领导听到袁隆平的肺腑之言,也感动地说:"袁老师,党的知识分子政策的本意就是让广大知识分子在一个舒适称心的环境里工作生活,您愿意全力搞科研我们支持你,也尊重您的选择。有什么困难您只管开口,我们会对您的科研工作积极提供保障性的服务"。

2. 有利科研的官要当

湖南省的杂交水稻协作攻关的工作,原来一直是由省农科院水稻研究所负责组织实施的。随着杂交水稻研究事业的深入发展,有必要设立一个全国性的专门机构来加强和协调杂交水稻的研究工作,以保持我国在杂交水稻研究领域的领先地位,并把研究引向深入。在中央有关部门和湖南省委省政府的支持下,袁隆平主持了湖南杂交水稻研究中心的筹备和组建工作。

建立于1984年6月的湖南杂交水稻研究中心,位于湖南长沙市芙蓉区马坡岭,是国内外第一家专门从事杂交水稻研究的科研机构。这个科研机构就是袁隆平倡议建设的,他还亲自担任研究中心的主任一职。这个职务他非常乐于担当,因为在这里,他可以带领杂交水稻研究人员攻克一个又一个难关。1995年5月25日,在湖南杂交水稻研究中心的基础上建立了国家杂交水稻工程技术研究中心,袁隆平继续担任中心主任。从找到"雄性不育株"以来,杂交水稻研究走过了30年不寻常的探索道路,从袁隆平一个人的

第五章 辉煌的成就，做人的楷模

自发行动，终于到现在建立起了一个立足湖南、辐射全国乃至世界的专门研究机构。

现在的杂交水稻研究中心是一个门类齐全的研究机构，设有科研处、产业发展处、国际合作处、试验基地处、办公室、人事处、计财处、后勤处、工会与群团处、院士办等处（室）。在科研处下还设有育种研究室、杂交水稻分子育种研究室、转基因应用研究室、生理生态栽培研究室和检测实验室等研究室。

研究中心人才济济，在136人的在职职工中，有院士1人、具高级技术职称人员52人，拥有博士学位人员22人。"中心"还建设了杂交水稻国家重点实验室、水稻国家工程实验室（长沙）、湖南省杂交水稻分子育种重点实验室、杂交水稻国际科技合作基地、联合国粮农组织（FAO）杂交水稻研究培训参考中心等一批研发平台。

由于中心强大的科研实力，他们主持承担了国家攻关计划、"863"计划、"973"计划、科技支撑计划和国家自然科学基金等国家重大项目、总理基金项目以及农业部转基因专项计划等多项省部级科研项目。已取得科研成果100多项，其中育成杂交水稻组合及骨干亲本112个，产生了巨大的社会和经济效益。获得了大量的奖励，比如，获国家科技进步和发明奖12项（特等奖1项、一等奖2项、二等奖3项、三等奖6项）、省部级科技进步和发明奖励60多项。科技人员不但在实践上成绩卓著，在研究文章上也成果斐然，他们在国内外公开发表论文1000余篇，出版杂交水稻中、英文著作30多部。编辑出版的《杂交水稻》专业期刊在国内外有较大影响。

在袁隆平的领导下，中心俨然成为了国内外杂交水稻研究技术交流的大舞台。中心的国际交往频繁,成功举办了30多期杂交水稻技术国际培训班,主持召开了8次国际学术讨论会;有13名专家被联合国粮农组织聘请为技术顾问,其中袁隆平为首席顾问;与国际水稻研究所等国际组织和美国等国家的一些机构建立了长期的研发合作关系。

主持第二届隆平论坛

二、桃李不言,下自成蹊

李必湖和尹华奇

在19年的教学生涯当中,在接近60年的科研路上,袁隆平不知培养了多少育种方面的人才。

袁隆平知道,要搞好育种工作,专业人才要多多益善。身边没有合适的技术人才,他就在教学实践中选拔和培养。早在60年代

第五章 辉煌的成就,做人的楷模

初期,当水稻的雄性不育性研究还刚刚起步的时候,他就从安江农校毕业的学生中,挑选了李必湖与尹华奇两名学生当助手。

袁隆平在研究生毕业典礼上

当时,安江农校特招了一批两年制的"社来社去"的定向分配学员,毕业后不参加正式分配,从哪里来回到哪里去。尹华奇是其中的一位。那年尹华奇23岁,比同届的中专生年龄稍大。他学习特别勤奋,除课堂认真听讲、努力学好课本知识外,还喜欢参加课外的各种试验。他对袁老师搞的杂交水稻研究非常感兴趣,就自告奋勇给袁老师当助手。他手脚勤快,做事认真,学习劲头足,深得袁老师的喜爱。

他跟袁老师作盆栽水稻试验,还引起了一个叫李必湖的学生的注意。

李必湖也是"社来社去"学员,比尹华奇小两岁。他好奇地跑来打听,问袁老师天天搞的这些盆盆罐罐的试验到底有什么用处。

尹华奇告诉他,这些试验目前还看不出有啥特别的用处。不过,袁老师写的论文刊登在中国科学院的刊物上,那这些试验一定是有大用处的。李必湖听后,心里佩服极了。他也想参加这个试验。但他不是袁老师直接教的学生,担心袁老师不肯收他。他大着胆子跟袁老师讲了自己的想法。袁隆平说,做这个试验很辛苦,也不能多拿工资,吃苦又吃亏,你怕不怕?李必湖也是农村孩子,不怕苦,不怕累,任劳任怨,袁老师高兴地收下他当助手。从这以后,袁隆平不再是单枪匹马地研究杂交水稻了。无论是盆盆罐罐之间,还是田间地头,都成了袁隆平带着两个助手探索杂交水稻奥秘的大课堂。

在"文革"的混乱时期,把学文化、学知识、搞科研视为"走资产阶级白专道路",袁隆平也被当做"反动知识分子""臭老九"加以批判。他不但自己顶住压力,坚持科研和学习,还手把手地辅导两个助手,让他们走"又红又专"的道路。他常常用《中庸》里的一句话来鼓励两个徒弟好好学习。这句话是:"人一能之,己百之;人十能之,己千之。果能此道矣,虽愚必明,虽柔必强。"说的就是别人学一次就会了,我还不会!就学他一百次;别人学十次就会了,我还不会!就学他一千次。如果真能照这样子去做,即使再愚笨的人,也会变得聪明,即使再柔弱的人也会变得坚强。

为了帮助助手学好英语,他挤出晚上时间给他们上辅导课,持之以恒,从不间断。有一次,袁隆平的爱人邓哲患急病,他与尹华奇送她去怀化住进了医院,当晚赶回安江农校后,小尹考虑到老师辛苦了大半夜了,就劝老师早点休息,可袁老师仍然坚持给他补了

第五章 辉煌的成就，做人的楷模

一个小时的英语课才去休息。袁隆平对小尹说："学习要有长劲，贵在坚持。如果三天打鱼，两天晒网，外语是无法学好的！"为了让自己的助手获得更深的理论知识，袁隆平在20世纪70年代初就将李必湖、尹华奇分别送进农业大学学习深造。等他们毕业之后，重返育种和教学岗位。后来在美国推广杂交水稻的时候，他俩还多次被派到美国传授杂交水稻育种技术。后来，两人都被提升为研究员，成为我国杂交水稻方面的资深专家。

尹华奇在三系法杂交水稻和两系法杂交水稻的育种工作中，一直是袁隆平手下的得力干将。特别是他1998年选育出的香型两系法不育系——"香125S"，是一个非常优秀的不育系品种。利用"香125S"与其他优良品种杂交获得的杂交早稻"香两优68"，具有优质、高产、中熟的优点，先后在湖南、安徽、广西等省（自治区）推广种植，经济效益比较突出，深受稻农喜爱。

李必湖也是袁隆平的重要助手，1970年他与冯克珊在海南岛发现野生稻雄性不育株"野败"，让三系法杂交水稻研究结束了多年徘徊不前的局面，使籼型杂交水稻的培育最终获得成功；1973年，李必湖在袁隆平的指导下，培育出了世界上第一个强优势杂交水稻；1981年，李必湖因培育籼型杂交水稻获国家发明奖特等奖（排名第二）；1988年指导助手育成"安农S-1"，为两系法杂交水稻研究奠定基础；指导助手育成一系列高产、高抗、优质的三系法或两系法杂交水稻新组合，累计在全国推广26亿亩，增产稻谷2500多亿千克；1989年，李必湖被评为全国先进工作者。在学术方面，李必湖的论文《我们是怎样研究杂交水稻的》《杂交水稻组合配套栽培技术》在杂交水稻学界有很大的影响。

罗孝和

袁隆平在选拔人才上,从来都是唯才是举,不看门第,不看出身。他说:"司马迁写的《魏公子列传》,完全可以当做一部人才学来研究,其中的一些观念非常超前。司马迁笔下的魏公子,仁而下士,因此来投奔他的人很多。他主张,人无论贵贱、尊卑、贫富,也无论长幼,只要有本事,就可以为同一事业共同奋斗。他将看大门的、杀猪的与豪富共同组成一个无坚不摧的战斗群体。魏公子特别看中个人能力,而不看官衔。比如,侯嬴是看大门的小吏,朱亥是杀猪的屠夫。这些人都是普普通通的老百姓,可他们又都有某一方面的特殊才能,事情在他们手下能够办成功,这就是人才。"

袁隆平的得力助手罗孝和说:"袁先生在科研事业中,没有门户之见,从来都是搞'五湖四海',我便是他搞'五湖四海'的受益者之一。"

袁隆平每当提到罗孝和,更是赞不绝口。他称赞罗孝和在科研中态度谦虚,是有大智慧的人。他说,小智慧是狂傲的,而大智慧却是谦逊的。要干成一番事业,需要极清醒的头脑、极坚韧的自制力和极淡泊的心境。

罗孝和也是一位农家子弟,深知种田的不易。从小他就在田间地头忙碌,跟着父亲学会了种植水稻。播种、插秧、中耕、施肥、收获等环节他都轻车熟路。他凭借自己吃苦耐劳、扎实肯干和刻苦钻研的精神攻克了育种工作中的一个又一个难题,取得了令人

第五章　辉煌的成就，做人的楷模

瞩目的成绩。

早在 20 世纪 70 年代，罗孝和在培育"三超稻"时，只增产稻草不增产稻谷的经历，让他体验到了人情冷暖，也培养了他百折不挠的坚强意志。在袁隆平的指导和帮助下，他静下心来分析试验的得失，最后采用更换亲本组合的办法培育出了两个高产新品种"威优 6 号"和"汕优 6 号"。这两个新品种抗性好、生长周期短、杂交优势显著，很快通过了国家验收，成为最早推向全国的三系法杂交水稻。

与此同时，罗孝和还协助袁隆平育成粳稻不育系——"黎明"，培育出适于辽宁地区栽培的粳稻新品种"黎优 57"，这一新品种在 20 世纪 80 年代就推广种植了数百万亩，罗孝和因此荣获湖南省科技进步奖。1981 年，他也因籼型杂交稻荣获国家特等发明奖。

20 世纪 80 年代，罗孝和开始协助袁隆平进行两系法杂交水稻的研究。两系法与三系法杂交稻相比，具有配组自由、种子生产程序简化、产量高、米质优等特点，但技术难度很大。这项研究于 1987 年被列入"863"计划。全国 10 多个省区在海南岛南红育种基地协作攻关。在培育两系法杂交水稻的工作中，罗孝和一直是袁隆平手下的中坚力量，他不分昼夜地守在稻田里观察稻秧的细微变化，探索新的试验方案，指导技术人员操作。

罗孝和主持培育成了全国第一个实用的两用核不育系"培矮64S"，它是在全国范围内应用最广、推广面积最大的两用核不育系。"培矮 64S"育性稳定，为两系法杂交稻的培育成功铺平了道路。不久，"培矮 64S"被全国十多个省（区）用来配制强优组合，并成为全国应用面积最大的两用核不育系。矮64S系列组合累计种植面积1亿多亩,新增产值100多亿元。

罗孝和还发明了冷水串灌繁殖低温敏不育系技术,从根本上解决了低温敏不育系繁殖产量低的难题,使杂交水稻的制种成本大大降低,也给广大农民带来了实惠。

鉴于罗孝和在杂交水稻事业上的突出成绩,袁隆平在自己荣获首届国家最高科学技术奖之后,积极推荐罗孝和申报国家科学技术进步奖一等奖。袁隆平称罗孝和是"杂交水稻事业的功臣,三系法的主将,两系法的元勋"。

由于袁隆平的鼎力举荐,罗孝和荣获2002年国家科学技术进步奖一等奖。

全永明

全永明也是袁隆平最出色的学生之一。一说起他,袁隆平就想起了那个令人心酸的往事。

那时,袁隆平还没有成家,住在安江农校的单身教工宿舍。与袁隆平毗邻而居的是刚成家不久却两地分居的青年教师李国文。当时正是三年困难时期,全国上下都吃不饱肚子。学校为了照顾教师,分给每位教师半亩菜地,让老师们课余时间种点瓜菜充饥。

当时食堂的伙食是限量的,袁隆平和李国文都是年轻小伙子,根本吃不饱。这天晚上,他俩实在饿得难受,就在宿舍过道的炉子上煮了一盆红薯、一盆萝卜。

虽然他俩都不太会做饭,萝卜切得也是大的大、小的小,不过

第五章　辉煌的成就，做人的楷模

这依然是那个饥饿年代的美食。红薯和萝卜经过炉火一烧，咕嘟咕嘟地直冒热气，让人难以拒绝的香气就飘满了整个宿舍。

李国文一会儿看看炉火，一会用筷子戳一下盆里煮着的红薯看看炖烂了没有，还时不时地夹一小块尝上一尝。不大一会他就迫不及待地喊道："哎，小袁！红薯熟了，开吃吧！再不吃我真要饿晕了。"

于是，两人把盆端到屋里，也没盛到碗里，就直接站在盆子前面吃上了。他俩吃了几块萝卜，觉得还是红薯好吃，就一个接一个地吃着煮红薯。由于长期不见油腥，连粗茶淡饭也不能吃饱，他们的饭量特别大。不一会儿，一大盆红薯就一个不留全给吃下了肚。

李国文放下筷子说："今天终于吃个饱饭，真舒服！"袁隆平也摸了一下肚皮笑着说："我还怕咱俩一盆不够，就煮了两盆，谁知道才吃一盆就饱了！"

李国文瞟了一眼那盆萝卜，拿起筷子，犹疑了一下，最终还是放了下来。他也摸了一下圆鼓鼓的肚皮，打了一个饱嗝说："是呀，看来我们还不算饿急了的人嘛。"

正在这时，两人听见楼梯口传来一阵脚步声，接着一个学生冒冒失失地闯进了屋里。他看见两个老师正在敲盆论吃，不禁尴尬地立住了脚，又不好回头跑走，只得拘谨地叫了一声："袁老师。李老师。"接着他不好意思地解释说，"我想请教袁老师一个问题，没想到来得不巧，你们正在吃饭，嘿嘿，正碰上……"

"哈哈，是全永明呀。谁说你来得不巧？你来得正是时候。先别问问题，先帮老师吃了这些萝卜。"袁隆平一看是自己的学生全永明,赶忙笑着亲切地招呼他。

全永明有点不好意思,在那个食物短缺的年代,每一顿饭都是非常珍贵的,所以他站在原地没动。袁隆平看出了他的心思,就上前将他拽到屋里,连说带逗地劝道:"你这伢子还真外道,昨晚我还撞见你和几个同学在偷拔萝卜,连洗也不洗就带泥吃呢!我见你们饿的可怜,才故意装作没看见。现在煮熟的萝卜叫你吃,你反倒腼腆起来了,你正是长身体的时候,快吃吧!"

这样一说,全永明不好意思地笑了,他接过话茬说:"谢谢袁老师不追究我们的过错!那我就不客气啦。"说完,他双手接过袁隆平递过来的一双筷子,大口小口地吃了起来。不一会儿工夫,一大盆萝卜,竟被风卷残云般吃了个精光。他意犹未尽地抹抹嘴巴放下了筷子,看样子再吃个三盘两碗也没啥问题,两位老师不禁看得目瞪口呆。

"哎呀呀,真个是后生可畏呀!正是长身体的时候,多吃点有好处呀。不像我们,眼见都快30岁了,吃多少也不长个了。"

虽然袁隆平嘴上这么说,心里却格外不是滋味。如果不是缺粮,谁会这么狼吞虎咽地吃一盆白萝卜啊。想到这里,他更加坚定了培育杂交水稻的决心。

全永明毕业后,很快成了当地的农业科研业务骨干,并逐步走上了领导岗位。曾历任湖南省永顺县农技站站长、区长、永顺县副县长、安江农校校长等职务。在袁隆平倡导成立湖南杂交水稻研究中心之后,很多科研以外的问题接踵而至,让他颇费脑筋又没有好的解决办法,这时,他想到了全永明。

第五章 辉煌的成就,做人的楷模

改革开放之后,市场经济的大潮席卷了神州大地,也给大学校园、各类科研院所带来了非常大的冲击。湖南杂交水稻研究中心拥有很多经济价值高的实用技术,自然也不能例外。

一方面国家拨款有限,科研院所穷得可怜;一方面有的科技人员身怀绝技,如果自己单干,肯定能凭自己的技术获得丰厚的收入。因此,早在80年代末,湖南杂交水稻研究中心就有一些科技人员偷偷干起了"兼职",有的做起了种子买卖,也有的悄悄地成立了自己的公司。面对研究中心日益复杂的管理问题,袁隆平很是发愁。他知道,自己全心全意搞科研搞了半辈子了,现在担任杂交水稻研究中心主任一职,是因为自己的科研能力一直走在前面,国家领导希望让他带好这支科研队伍。但说到成立公司搞市场经济,说到人事管理,自己还是不太在行的。

怎么办才能既稳定中心科研人员的心态,又让大家不至于太寒酸,更不至于年年向国家伸手索要科研经费呢?这成了袁隆平这段时间的一块心病。

有一天,他在家里读《史记》,读到《淮阴侯列传》时,有这样一段话:

上尝从容与信言诸将能不(同"否"),各有差。上问曰:"如我,能将几何?"信曰:"陛下不过能将十万。"上曰:"于君何如?"曰:"臣多多益善耳。"上笑曰:"多多益善,何为为我禽?"信曰:"陛下不能将兵,而善将将,此信之所以为陛下禽也。且陛下所谓天授,非人力也。"

这段话翻译成现代文就是:

刘邦曾经随便和韩信讨论各位将领的才能,(认为)他们各有高下。刘邦问道:"像我自己,能带多少士兵?"韩信说:"陛下不过能带十万人。"刘邦说:"那对你来说呢?"韩信回答:"像我,越多越好。"刘邦笑道:"统帅的士兵越多越好,那(你)为什么被我捉住?"韩信说:"陛下不善于带兵,但善于统领将领,这就是韩信我被陛下捉住的原因了。而且陛下的能力是天生的,不是人们努力所能达到的。"

　　读到这里,袁隆平忽然觉得豁然开朗。他想到,自己作为一名已经定了型的纯粹科学家,如果半路出家去学习管理,就可能费了九牛二虎之力也应付不了日益复杂的市场经济。他应该找一个有现代市场经济头脑、有很强的组织领导和经营管理能力的新助手。

　　当时他已被选为省政协副主席,担任湖南省杂交水稻研究中心主任的职务。党和国家领导人曾多次莅临中心关怀指导,告诉他有什么困难只管提出来,国家会帮助解决。出国的时候,曾先后与30多个国家的部长、总理或总统、国王平起平坐,所以在这种地位上能有这么清醒而务实的认识是非常不容易的。

　　那么,找谁好呢?谁才是既熟悉杂交水稻的研究工作,又有非常强的领导能力的合适人选呢?袁隆平开始留心这样的人才。

　　正所谓踏破铁鞋无觅处,得来全不费工夫。他偶然了解到,那个在饥荒年代曾经吃过他一脸盆萝卜的学生全永明从最基层的农业科技人员干起,逐步走上了领导岗位。现在担任安江农校校长,他和校党委书记李必湖同心协力,使安江农校发展很快,不但升格为全国重点中专,还靠技术经营,每年收入超百万元。真是一个既

第五章 辉煌的成就,做人的楷模

懂农业又会管理的人才啊。

1995年12月,在湖南杂交水稻研究中心的基础上,国家正式批准成立国家杂交水稻工程技术研究中心,升格为副司局级单位。单位的级别提高了,人事上的事情也自然提上日程。在这个时候把全永明调过来担任抓市场开发和经营管理的副主任,是名正言顺的好事。

说办就办。袁隆平打电话把全永明找来。"全永明,1961年你曾经一口气吃掉我一脸盆萝卜,记得不?"袁隆平笑着问。

"袁老师,师恩难忘啊,我怎么能不记得?叫我惭愧的是,我至今无法报答您。官嘛您比我大,钱嘛您比我多。我能想象出来的东西您全有;连我见所未见、闻所未闻的东西您都有了。我能报答您什么?"全永明也笑着说。

"要说官嘛,我是比你大一点,不过对我们搞研究的人来说,官大小倒是无所谓,只要能安心工作就可以了。说到钱嘛,我们研究所还真是不如你们。你们学校每年能利用科研赚100万,我们研究所却每年都得伸手向省里、向国家要钱,要不是总理和省委帮忙,我这研究中心都要关门了。通过出去讲学和作技术指导我了解到,在西方国家,科研和市场是挂钩的。过去哈默博士说我可以成为洛克菲勒第二,我还有点不理解,现在站在这市场边上一看,觉得杂交水稻的前景确实非常可观。我并不是自己想成为富翁,我是想通过市场经营自己解决科研经费问题。但是我们杂交水稻研究中心的这些人都不懂经济,这几年经营搞得乱七八糟,不仅没赚钱,反而贴了本;正所谓'书生经商,举家喝汤'是也! 因此,我就想到了你。你看怎么样？"袁隆平认真地说。全永明知道，袁老师说的是实情。培育杂交水稻的早期，确实需要国家有关部门的大力支持，现在，是该自己想点办法的时候了。考虑到袁老师的为人，他想，自己到了这里虽然担任副职，但在袁老师手下工作该是多么幸福的事啊！所以他痛快地答应了："这还有什么说的？别说吃过您一脸盆萝卜，就是一般师生情谊，您老师有召唤，我也理当挺身供您驱使呀。而且不谦虚地说，袁老师，我还真觉得自己恰当此任呢！不过，这怎么能算是让我报答您呢？这不是为了国家的事业吗？况且，这还明明是您再度施恩于我呀！"

1996年1月，全永明正式到中心上班。他在袁隆平的大力支持下，依靠集体决策的力量，对整个中心的开发经营进行了大刀阔斧的整顿，建立了健全的经济责任和管理规章制度，曾一时令袁先生头痛的开发经营问题，从此总算走上了正轨，当年即赢利95万元。到1997年赢利210万元，1998年达857万元，到2000年已超过2000万元。

后来，全永明又在袁隆平的支持下担任了国家杂交水稻工程技术中心党委书记、常务副主任。成立隆平高科之后，全永明就离开了中心，去担任公司董事了。

只要对科研有利，我都会尽力

在科研问题上，袁隆平不仅对身边的学生和同行倾力相助，即使是素不相识、毫不相关的人，他也会尽力帮助。当时湖南省溆浦县有一位女青年，在高考落榜后回家自己创业。她在自家的果园

第五章 辉煌的成就,做人的楷模

里尝试改良桃树的新技术。因为缺乏专业知识,又没有人指导,她走了许多弯路。她看到电视上报道袁隆平的消息之后,就给袁隆平写信求教。袁隆平看了她的信之后,认为她改良桃树的思路很好,只是缺乏一些必要的技术指导。就热情地写信告诉她试验中存在的问题以及解决办法。后来这名女青年在袁隆平的指导下,终于培育成了个儿大、味儿甜、口感好的新品种,被当地誉为"天下第一桃"。

湖南杂交水稻研究中心成立后,袁隆平不仅亲自担任硕士生和博士生导师,还利用自己在国际上的名望,积极争取学生出国深造的机会。他从美国洛克菲勒基金会申请到了几个全额奖学金名额。自1988年派出自己的硕士生谢放鸣开始,又相继派出肖金华、李继明、李新奇、符习勤等多名硕士生出国留学。这些学生有的去了美国,有的去了澳大利亚。让他们在国外先进的实验条件下向国际一流的大师学习。学成之后,这些同学都成为国际水稻研究中的技术骨干。

后来,这些学生毕业之后有些回国,也有很多留在了美国从事杂交水稻研究。有人对他说:"你好不容易培养了这些人,又帮他们申请了奖学金,结果学成之后一去不回还,你的心血算是白费了。"袁隆平却不这么看,他说:"中国杂交水稻事业要保持世界领先的水平,就需要大量超过我的人才。要培养出大量超过我的人才,就要让他们走出去,博采各家之长,学习世界上最先进的技术。如果都把他们窝在我的手下,受着我的思想束缚,怎么能培养出超过我的人才呢?"

三、设奖励基金,养育后昆

为培养人才,鼓励后生,袁隆平深谋远虑,设计了一个以基金作支撑,培养人才,鼓励创新的长远方案。1987年,他获得联合国教科文组织科学奖时,就把1.5万美元的奖金全部捐出,设立了"袁隆平杂交水稻奖励基金会"。在1994年6月的首次颁奖会上,赵石英、陈洪新等42名对杂交水稻作出贡献的人士获奖。通过这次表彰奖励,激励和推动了杂交水稻事业的发展。此后他又陆续将自己获得的各种奖金全部捐出来,累计达100万元。1996年,在湖南省委、省政府及社会各界的支持下,更名为"湖南省袁隆平农业科技奖励基金会",到2008年年底,共历时20多年,募集资金1500多万元。基金会采取存本用息的办法,每两年评选、奖励一次。

该基金会虽然是湖南省政府支持的,但在评奖时却没有门户之见。只要是全国甚至全球为农业科技的研究和发展作出杰出贡献的单位和个人,都可以获奖。因此,这个奖项也就相当于国家级的奖励。通过奖励培养和调动了很多农业科技人员的积极性。

到2015年,该奖励已颁发了9次。

第一次是1994年6月15日,即中国杂交水稻研究30周年,也是湖南杂交水稻研究中心成立10周年,结合基金会颁奖,在长沙隆重举行"三项庆典"活动。这次高规格的颁奖活动,邀请了国家有关部委领导、各省市著名专家学者共120余人参加,面向全国,奖励了杂交水稻开创的艰难年代支持杂交水稻推广的有功之臣42名。

第五章　辉煌的成就，做人的楷模

虽然每人只有 3000 元奖金，但获奖者都很高兴，说袁老师没忘我们这些同一战壕的战友。袁隆平也从心里感谢这些在艰难岁月里给他帮助的人，说"没有他们，我的研究就只是阳台上的花。"袁隆平给获奖者颁发奖牌、证书、奖金。袁隆平的无私奉献精神得到了各界的高度称赞，大家一致要求要进一步扩大基金来源，加大奖励力度，以扩大袁隆平基金会的社会影响。

第二次颁奖，是更名以后的"湖南省袁隆平农业科技奖励基金会"所设立的"袁隆平农业科技奖"，于 1998 年首次开评，同年 10 月 15 日宣布评审结果，1999 年 9 月 7 日在长沙颁奖。罗孝和、黄培劲、官春云、李罗斌、周新安获首届袁隆平农业科技奖；陈洪新获特别奖。

第三次颁奖：2002 年 1 月 18 日在湖南杂交水稻研究中心举行的第二届"袁隆平农业科技奖"颁奖仪式。在 2001 年，超级杂交稻累计种植面积达到了 120 万公顷，单产达到了 9.5 吨/公顷。所以，这次表彰的是 2000～2001 年在超级杂交水稻示范工作中取得显著成绩并经国家级或省级验收达标的单位。获奖单位共 13 个，一等奖 4 个，奖金各 5 万元；二等奖 9 个，奖金各 3 万元。在表彰会上，袁隆平勉励大家继续努力，争取超级杂交水稻第二期目标（单产 12 吨/公顷）早日实现。

第四次颁奖：2004 年 9 月 8 日在长沙举行第三届"袁隆平农业科技奖"颁奖大会。这次表彰的是在杂交水稻研究、推广中作出巨大贡献的科技人员。获奖者为李必湖、冯克珊、颜龙安、谢华安、邹江石 5 人，每人获奖金 5 万元。李必湖、冯克珊在海南寻找野生稻不育株的时候,发现了"野败",使杂交水稻研究结束了多年徘徊不前的局面。颜龙安选育出的不育系在全国应用时间最长、推广面积最广,为杂交水稻的推广作出了重大贡献。谢华安培育出杂交稻强优组合"汕优63",到2001年累计推广6300万公顷,增产粮食700亿千克,获国家科技进步一等奖。邹江石长期从事杂交水稻研究,在袁隆平的指导下培育出了新品种"两优培九",增产效果显著,是全国推广面积最广的新品种之一。

第五次颁奖:2006年12月19日在湖南杂交水稻研究中心举行第四届"袁隆平农业科技奖"颁奖大会。这次表彰的是杂交水稻研究与应用领域有突出贡献的人士,共有10人获奖,他们是:尹华奇、吕保智、邹国清、罗泽民、周坤炉、郑圣先、骆正鑫、郭名奇、雷纯章、黎垣庆,每人奖金3万元。

第六次颁奖:2008年9月在长沙"第五届国际杂交水稻学术讨论会"开幕式上举行,第五届"袁隆平农业科技奖"获得者为朱英国、杨振玉、杨聚宝、李丁民、李成荃、李铮友、吴让祥、张慧廉、彭兴富、彭惠普、潘熙淦、谢放鸣。每人奖金5万元。本次受表彰的是全国各地在农业科技进步方面有突出成就的人士。

第七次颁奖:2010年9月6日举行了第六届"袁隆平农业科技奖"颁奖大会。本次表彰的是全国范围内对杂交水稻推广工作有突出贡献的人士。获奖者分别是:王沧江、邓启云、杨远柱、肖利民、张明沛、舒友林。

第八次颁奖:2012年12月21日,湖南省超级杂交稻"种三产四"丰产工程总结表彰暨第七届袁隆平农业科技奖颁奖大会在长

第五章 辉煌的成就,做人的楷模

沙隆重召开。在这次表彰会上,宣告超级杂交水稻第三期目标13.5吨/公顷已经实现,准备向第四期目标15吨/公顷发起进攻。本次袁隆平农业科技奖表彰的是从事杂交水稻研究与推广的科技人员、对杂交水稻推广作出贡献的政府官员和企业家。本次大会共有6人获得袁隆平农业科技奖,每人奖金5万元。获奖者有:许世觉、张振华、张秀宽、黄桂荪、蒋碧娟、廖翠猛。

第九次颁奖:2014年9月15日,在长沙召开了第八届袁隆平农业科技奖颁奖大会,有5人获得本届"袁隆平农业科技奖",每人奖金10万元。获奖者分别是:朱运昌、李文友、青先国、曹兵和谢长江。

袁隆平被聘为美国水稻技术公司的顾问,每年有1.5万美元的顾问费。他把这笔钱也拿出来,设立杂交水稻研究所"所长基金",专门资助前景广阔、经费有困难的年轻技术人员。每年都有几个课题获得2~5万元的资助。湖南农科院水稻研究所有一位青年科技人员,连续3年获得3万元资助,为他开创自己的研究工作提供了关键的启动资金。福建农业大学的一位博士后,积极进行多倍体水稻育种研究,却苦于经费不足,无法施展。他抱着试试看的心情给袁隆平写信,袁隆平在详细了解了他的试验之后大力支持,拨出专款资助,并多次给予关照和支持。

四、"杂交水稻之父"殊荣的由来

国际水稻研究所在菲律宾首都马尼拉市远郊的洛斯巴洛斯镇。

1979年4月,研究所召开有关杂交水稻研究的国际学术会议。袁隆平作为一个在杂交水稻研究方面有突出贡献的专家也应邀前往。

这次会议有20多个国家的200多名科学家参加。可以说是全球研究杂交水稻的群英会。应邀前往的中国水稻专家共4人,袁隆平和林世成研究员(国际水稻研究所理事)被邀请在会议上宣读论文。由于是第一次出席国际会议,袁隆平有些兴奋,也有些紧张。他知道在会上宣读论文要用英语,虽然自己的英语水平很过硬,但毕竟没有在这样的场合和外国人交流过。他担心自己的英语是不是标准,自己用英语讲话,这些"老外"能不能听得懂?还有,解答学术论文需要很多专业术语,为了使自己的英语听起来更"专业",他特地买了英语磁带,每天都专门挤出时间听一听,遇到疑难就查词典,进行强化训练。

会议采取的两人一组的模式,一人宣读论文,另一人解答。和袁隆平同一组的中国专家是林世成研究员,他负责宣读论文,袁隆平负责解答。从某种程度上来说,解答问题更难,因为事先不知道台下的人会提出什么样的刁钻问题,何况大家都是专家,每个人都有自己独到的见解,对谁会提出什么样的问题更是难以预料。

轮到中国专家宣读论文和回答提问了。在林世成研究员宣读完论文后,袁隆平开始解答现场提问。一位外国专家问道:"我听说中国杂交水稻制种的异交率高,是通过什么措施提高异交率的?"他准确地理解了对方的提问,并用英语清楚地回答:"首先,我们通过割叶的办法,消除传播花粉的障碍;其次,我们还要进行人工辅助授粉。"还有专家问道:"请问什么叫赶粉?"袁隆平解释说,

第五章 辉煌的成就,做人的楷模

赶粉就是一个人拿着一根竹竿,让竹竿横着在水稻上推过去,通过让水稻父本摇摆的方式增加它花粉释放的效率。

与会的外国专家感到这个办法简单易行,显然是通过多年的摸索总结出来的。看来中国的杂交水稻专家真是实践的高手啊。

后来又有很多人提出了自己感兴趣的问题,袁隆平一一用英语进行了讲解,他的回答非常精妙,使外国专家大为折服。通过这次会议,各国专家惊异地发现,杂交水稻在中国专家的研究下,已经取得了重大的成就,杂交水稻比常规稻品种增产20%。毫无疑问,中国杂交水稻的研究和推广应用水平,在世界上是处于领先地位的。

随后不久的1980年10月,袁隆平应邀到菲律宾国际水稻研究所进行讲学和合作研究。

1982年的秋天,在国际水稻研究所召开的一次学术研讨会上,国际水稻研究所所长斯瓦米纳森先生特意安排了一个时间,他走下讲台,拉着袁隆平的手走向主席台。

这时,投影屏幕上出现了袁隆平的巨幅头像和"杂交水稻之父袁隆平"的英文字幕。来自世界各国的水稻研究专家纷纷起立,热烈地鼓掌,以表达对袁隆平的敬意。

这一安排是袁隆平始料未及的,不过他很快反应过来,向与会的同行们挥手致谢,并谦逊地表示自己只是做了一点点工作,希望以后与各位同行多交流,多学习。

国际水稻研究所所长斯瓦米纳森在接下来的发言中讲道:"现在,我再郑重地介绍一下这位杰出的中国科学家、我们国际水稻研究所的特邀客座研究员——袁隆平先生！我们把他称为杂交水稻之父,他是当之无愧的。他在杂交水稻方面的成就不仅是中国的骄傲,也是全世界的骄傲。他用自己辛勤的工作给世界粮食安全带来了希望,也给世界各地的农民带来了福音。"

菲律宾的各大报纸在显要的位置播出了这条消息。从此,袁隆平的"杂交水稻之父"的称号日益远播,很快成了国际上的名人。

五、让杂交水稻走向世界

——签订第一个对外技术转让合同

1979年1月1日,中美两国正式建立外交关系,两国之间的经济、文化交流也日益频繁起来。

1979年5月,美国圆环种子公司总经理威尔其先生应邀访华,我国农业部种子公司送给他1.5千克杂交稻种,共3个组合,每个组合0.5千克。威尔其带回去进行小区试种,表现了明显的优势:与美国当地的水稻良种比较,增产33%~93%。

1979年12月,威尔其怀着对杂交水稻浓厚的兴趣,再次来华。他询问中国农业部官员是谁研发了杂交水稻,他想与这个人探讨一下有偿转让技术专利的问题。由于当时中国的知识产权工作还不完善,虽然发明人是袁隆平,但产权还是属于国家的。所以中国农业部的官员告诉他,这项专利属于农业部种子公司。要探讨杂交水稻技术转让问题,只需和农业部种子公司商量,无须再找"别人"……后来,圆环种子公司与中国农业部种子公司经过多次谈

第五章　辉煌的成就，做人的楷模

判,双方于 1980 年 1 月达成了专利转让协议,由圆环种子公司先付给中国 20 万美元的首期技术转让费,以后每年再从种子销售收入中拿出 6% 付给中国,中国方面就会派出水稻专家到美国去传授制种技术,合同期为 20 年。水稻专家在美工作期间,由美方支付工资,直到美国科技人员熟练掌握该技术为止……

以袁隆平为核心的第一批杂交稻制种专家很快出发了。1980 年 5 月 9 日,袁隆平、湖南省农科院副研究员陈一吾和慈利县良种场场长杜慎余一行 3 人抵达美国洛杉矶,第二天来到圆环种子公司的制种基地——加利福尼亚大学农业试验站。

到美国之后,袁隆平不仅手把手地传授培育杂交水稻的技术,还抽出时间和同行进行交流。他曾应加州大学农学院邀请,与教授、研究生们举行座谈,并回答他们提出的问题,又应邀参加全美水稻技术会议。

为了更好地推广杂交水稻,美国西方石油公司(圆环种子公司的母公司)于 1981 年 7 月特来中国拍摄一部题为《在中华人民共和国的花园里——中国杂交水稻的故事》的彩色纪录片。当摄制组来到中国杂交水稻的发祥地——原湖南省安江农校,拍摄袁隆平选育杂交水稻的过程时,袁隆平既当"演员",又当翻译,给摄制组留下了深刻印象。影片解说词高度赞誉杂交水稻这一科研成果"解决了世界各地人民的吃饭问题"。摄制组组长劳克先生说:"这个影片拿到西方去放映,将会震动西方世界,将会吸引更多的人了解中国。"录音工程师说:"中美建交填平了历史的鸿沟,两国的合作前景是美好的。"该影片除了在美国放映外,1983 年 7 月,日本电视台也在全国范围内进行了播放。当时日本有一本很流行的书——《神奇的水稻的威胁》,书中说道,杂交水稻这一海外传奇给日本农业带来的震撼不亚于一场风暴。

从此,杂交水稻开始走出国门,走向世界。在人类战胜饥饿的斗争中,杂交水稻成了一件非常有力的武器。以致有人把杂交水稻看作中国继指南针、火药、纸张、活字印刷术"四大发明"之后,对人类社会做出贡献的第五大发明。

六、当选两国院士

1. 当选为中国工程院院士

"院士"是学术界给予科学家的最高荣誉称号。在中国,1994年以前,称为学部委员,1994年后改称为院士。

要评上中国科学院院士,必须是在科学技术领域有系统的、开创性的成就的高级科学人才;要评上中国工程院院士,必须是在工程技术方面作出重大的、创造性成就和贡献的专家。两院院士是国家在科学技术方面的最高的、终身的荣誉称号。评选院士有一套统一的标准与严格的程序,要经过推荐、评审、公示等环节,非常严格。

袁隆平被评为中国工程院院士的过程并不顺利。第一次是1991年5月,湖南省人民政府推荐他为中国科学院生物学学部委员候选人。结果这一年新增了34位生物学部委员,袁隆平却没选上。第二次是1993年5月,湖南省人民政府再一次推荐他为中国

第五章　辉煌的成就，做人的楷模

科学院生物学学部委员候选人，他还是没有评上。

在推荐袁隆平参评中科院学部委员落选的情况下，湖南省委和省政府并没有灰心。在1992年9月15日授予袁隆平"功勋科学家"荣誉称号，同时号召全省人民特别是广大科技工作者向袁隆平学习。

1994年11月，湖南省政府向中国工程院推荐袁隆平作为院士候选人。与此同时，中国作物学会、中国农学会、中国资源委员会等国家一级学会向中国工程院推荐袁隆平。此外，袁隆平培育杂交水稻的事迹也开始被中央电视台等国内主流媒体广泛报道。在1994年国庆节前夕举办的建国45周年新闻图片展《举世瞩目的历史性成就——庆祝中华人民共和国成立45周年》，袁隆平手持稻穗的半身照片排在第15号。照片的说明文字是这样写的："农业是国民经济的基础，必须坚持把加强农业放在首位。高产、优质、高效农业在神州大地大规模兴起，1993年，中国粮食总产量达到4564亿公斤，创历史最高水平。图为被誉为'杂交水稻之父'的湖南杂交水稻研究中心主任袁隆平。据统计全国累计推广杂交水稻种植面积已达1.6亿公顷，增产稻谷2400亿公斤。"

随着袁隆平声望的提升，让他当院士的呼声也越来越高。终于，在1995年5月，袁隆平第二次参评中国工程院院士时，中国工程院经过认真评选，将袁隆平评为院士。这个众望所归的荣誉，虽然来得迟了一些，还是让支持袁隆平的人们感到格外的高兴，全国各大媒体在第一时间报道了这件事。

袁隆平接到通知之后，心情仍然十分平静，他对身边的工作人员说："评上院士,只不过工资涨了一点,我还是从前的我,并没有因为评上院士和从前有什么不同。"在谈到自己不能被评选为中科院院士一事时,袁隆平谦虚地说:"我没评上说明我的工作还不够条件,说明评选条件很严格,我还要继续努力。"

2. 当选为美国科学院外籍院士

在国际上,由于袁隆平在培育杂交水稻方面的突出成就,对世界粮食安全作出的巨大贡献,他成了世界闻名的大科学家。2005年底,美国科学院将"杂交水稻之父"袁隆平提名评选为外籍院士。美国国家科学院是美国科学界最高荣誉机构,1863年由美国国会立法成立,距今已有140多年的历史。随着科学技术在全球政治、经济、军事和外交领域的重要性日益显著,美国科学院最后演变成下面三个平行组织:美国国家研究理事会(1916年)、美国国家工程院(1964年)、美国国家医学研究院(1970年)。与中国不同的是,美国科学院不是政府机构,而是由社会资助成立的民间、非营利性机构,是科学家的自治性组织,其下不设科学研究机构。

美国科学院每年从世界各国评选出在某个领域最杰出的代表、为人类科学事业作出了巨大贡献的科学家为外籍院士。在新中国成立后也有一些在国际上名望较大的科学家获得美国科学院外籍院士称号。比如,著名数学家华罗庚教授在1984年被美国科学院授予外籍院士的称号,他是第一个获得这个荣誉称号的中国科学家。此后,中国又有多人当选美国科学院外籍院士,分别是:夏鼐、谈家桢、冯德培、周光召、贾兰坡、陈竺、白春礼、袁隆平、张启发、李爱珍、胡玲、陶哲轩、冯又嫦、何文寿等。

第五章　辉煌的成就,做人的楷模

2007年4月29日,袁隆平出席美国科学院院士年会,并正式就任美国科学院外籍院士。

在这届年会上,诺贝尔化学奖获得者、美国科学院院长西瑟罗纳先生一一介绍新当选的院士,并当众宣读他们当选的理由。介绍到袁隆平时,西瑟罗纳先生说:"袁隆平先生发明的杂交水稻技术,不仅为中国解决粮食问题作出了贡献,也为世界粮食安全作出了贡献。通过推广杂交水稻,每年增产的粮食可以解决7000万人的吃饭问题。"典礼结束时,西瑟罗纳特意走到袁隆平身旁表示祝贺,他说,与会代表在听完袁隆平的当选理由后,鼓掌时间最长,掌声最热烈。美国著名农业经济学家唐·帕尔伯格在他的著作《走向丰衣足食的世界》一书中这样评价袁隆平的工作:"他给那些保守者上了一堂很有价值的课——东方农业科学的成就已经超越其发源地西方各国。"

七、成立隆平高科

袁隆平是一位具有平民意识的科学家,求真务实是他的本色。他将一生的全部精力都用来培育杂交水稻,对名看得很淡,对金钱也看得很轻。

与此同时,他那巨大的成就和广泛的影响,已经使袁隆平成了一个品牌,一种象征。1998年6月,湖南省四达资产评估事务所在长沙举行资产评估结果发布会,宣布经过专家评估,作为无形资产,"袁隆平"名字的品牌价值为1008.9亿元人民币,消息经媒体披露后,在社会上引起了极大震动。

对于这次评估,袁隆平却处之泰然。他说:"我认为人身上最值钱的东西,是这个人脑袋里的知识!像我这么一个糟老头子,1.69米的身高,120斤的体重,连骨头都砸碎了卖掉也值不了几个钱。所以我把资产评估这类事看得很淡。"

在我国,由于知识产权政策执行得较晚,人们的知识产权意识普遍不高。作为袁隆平这样的老一代科研工作者,更是没有通过申请专利从稻种中抽取利润的想法。所以我国的杂交水稻成果基本上是无偿使用的,而种子经营部门却赚了大钱,全国经营杂交水稻的种子公司产值超过千万元的单位不少于5个。在美国,市场经济非常成熟,种子公司每经营一磅常规稻种也要付给科研单位5美分。

袁隆平的一生,始终淡泊名利,不居功自傲,不贪图安逸,不向组织提出任何个人的要求。他对"见利而拼命,干事而惜身"的人很反感,很厌恶。他说:"要那么多钱干什么?有些人连人格也不要了,人活着还有什么意义!"

在生活上他是十分简朴的。他从来不吃补品,老伴给他买来蜂蜜他也不喝,就爱吃青菜米饭。

毫无疑问,一个人活在这个世界上,是存在某种欲望的,例如食欲、物欲、金钱欲等。然而,袁隆平却能站在道德的高地上,克制了某些欲望。有人曾与袁隆平探讨过这样一个问题:"如果没有了某些欲望,你何所求,又何所为呢?"

袁隆平说:"对于普通人生活的欲望不能一概否定,清教徒的

第五章　辉煌的成就，做人的楷模

思想也是我们反对的，但我们反对的是那些无节制的私欲。"他还说："人只有从物欲的泥淖中挣脱出来，才能维护自己的尊严，才能获得真正的自由。"

改革开放以来，很多新事物涌现出来，很多潜在的问题也逐渐暴露出来。在改革大潮的冲击下，杂交水稻事业的一系列问题被提了出来。比如，我国杂交水稻事业该不该走向市场，怎样走向市场？在市场经济条件下，杂交水稻的知识产权怎样保护？袁隆平为什么不申请专利？能不能通过市场为科研筹措经费？

人们总是争论不休。

袁隆平和国家杂交水稻研究中心的同志们也经常在一起讨论这些问题。

一天，负责杂交水稻推广工作的同志们又争了起来："……如今各行各业都进入了市场，咱们杂交水稻也该进入市场。""我们之所以研究杂交水稻，是为了使农民受益，不是为了赚钱！"像开了锅似的，大家争论得很激烈。

这次争论虽没有结果，但是袁隆平却从大家的发言中开阔了思路，有了"前卫"意识。

多年的科研经历，让他体会最深的是，没有充足的科研经费是搞不出好的成果的。让杂交水稻走向市场，用市场来筹措科研经费的思路渐渐清晰起来。

在中国，袁隆平可谓是家喻户晓的人物。那些种植水稻的农民知道他，是因为他们种植杂交稻获得了好收成；那些炒股的股民也知道他，是因为有一个名为"隆平高科"的股票。

袁隆平说,用"隆平高科"给股票命名,自己最初是不同意的。他说:"袁隆平一会儿涨2分,过一会儿又跌了2分,多难看"。后来,他同意用自己的名字上市,是由于"隆平高科"答应提供科研经费。2000年时袁隆平已经70岁了,按照规定他不能再做首席专家了。这样一来课题少了,经费也没了,他拿什么继续研究杂交水稻呢?此外,袁隆平还一直打算让杂交水稻走出国门,造福世界。但水稻是一种地域性较强的农作物,在中国高产,到了外国气候条件不同了,可能就高产不了。为了在国外推广杂交水稻,他1998年在缅甸做了试点,经过联合国粮农组织验收表明,杂交水稻比当地最好的水稻增产1倍。仅这十几亩试验田就花费了50万元的资金,联合国粮农组织要求至少要试验两年,有10个试验点,这就需要500万元。国外也有很多公司提出与袁隆平合作,但他们都要求分配大部分利润。袁隆平想到,与其大把的钱都让外国人赚了,还不如让国人赚了。也是基于这点,才同意以他的名字命名成立了这个公司。

  1999年6月,由湖南省农业科学院、湖南杂交水稻研究中心、袁隆平院士共同发起的"隆平高科"成立了。这是我国第一个以科研单位为依托的农业高科技股份有限公司,成立之初注册资本1.05亿元。

  袁隆平院士为公司的名誉董事长和股东,由于公司以科研单位为依托,拥有先进的研发队伍,在杂交水稻、杂交辣椒、杂交玉米、优质西甜瓜等农作物新品种选育方面有非常强的科研实力。2001年,公司又经国家批准成立了博士后科研工作站,公司的科研

第五章　辉煌的成就,做人的楷模

能力进一步提升。

2000年12月11日,"隆平高科"在深圳证券交易所挂牌上市。"隆平高科"股票发行价为12.98元,当日开盘价为27.89元,收盘价为40.37元。袁隆平作为该公司的股东,拥有250万股。有细心的人给他算了一笔账:按隆平高科当天的收盘价计算,袁隆平的个人资产已经突破1亿元,所以人们称他为"亿万富翁"。听到这种说法,他淡淡地一笑说:"我获得的收益将来还要用在杂交水稻上,我只不过是一个过路财神,账面上的钱再多,我也不会装到自己兜里。"

经济增长不仅仅是GDP数量的放大,也是产业结构升级的过程。在经济的知识含量日益提高甚至成为竞争的决定性因素的条件下,"科学技术是第一生产力"已成为共识,资本只有依靠"知本"才能实现其商业价值。武汉大学的张廷璧教授就是在这样的历史背景下成为新闻人物的:

1992年,邓小平南方讲话中提到"发展高新技术,促进产业化",国内大批知识分子"下海"创业。在武汉大学生命科学学院任教的54岁的张廷璧抓住了这个机遇。

他根据自己的研究课题想到了一个思路——从天然植物中提取卟啉铁生产补血剂。

他的构想得到了一些创业者的支持,经过两年努力,终于成功生产出"红桃K生血剂"。到1997年,"红桃K生血剂"发展到顶峰,销售额达15个亿,成为武汉最大的民营企业。张廷璧以技术入股企业,率先成为拥有亿元资产的科学家。

"大学积累多年的科研成果,在市场经济条件下迅速转化成了生产力。"张廷璧分析,知识型产业需要大量投资,他们在创业之初得到政府的大力支持,解决了投资的后顾之忧,使得科技成果很快得以转化,这是他们创业成功最主要的原因。

关于科技人员应该在上市公司里占有多大的股份,张廷璧也有比较合理的认识。他说:"我认为科技人员在公司里占有10%～15%的股份比较合适。科技人员投入的是研究成果,企业投入的是实物和资本,在经营过程中要投入生产费用、科研费用、销售费用。所以企业投入多,风险大,如果运营不好,它的投资可能会血本无归。科研人员所占份额太多,企业就不会有充足的资金从事生产和经营活动。但是,如果企业给科研人员分得的份额太少,又不能充分调动他们的积极性。"

袁隆平因为"隆平高科"的股票上市,成为一个新的知识和资本完美结合的典范。

"隆平高科"上市以后,袁隆平在接受《环球时报》记者吴兴华采访时有这么一段对话:

记者:袁院士,经过"隆平高科"的组建、上市,以及我们已看到的这只股票所产生的社会效益和经济效益,您现在对知识的作用是不是有了更加深刻的认识?

袁隆平:从世界的发展情况看,知识,特别是高精尖的科学技术对生产发展和经济发展的贡献越来越大。小平同志说,科学技术是第一生产力。这是颠扑不破的真理。我们只有发展高精尖技术,才能进一步加快我国经济的发展,加快我国现代化的步伐。对

第五章　辉煌的成就，做人的楷模

"知识就是力量"这句名言，我现在体会得越来越深刻。社会的发展、科技的创新和人类文明的进步，依靠的就是这种力量。它是创造精神财富和物质财富之本。

记者：作为我国一位享誉世界的科学家，您下一步的打算是什么？

袁隆平：我这辈子还有两个愿望需要实现：一个是把杂交水稻推广到全世界，让杂交水稻造福世界人民，造福全人类；第二个愿望是把超级杂交稻搞成功。现在，超级杂交稻的研究已经取得了突破性的进展，在湖南取得了18个百亩片、4个千亩片平均亩产700多千克的成果，最高亩产达到了870千克。按国家的要求，要在2005年前达到大面积亩产800千克的目标。我现在正为这一目标而奋斗。

从袁隆平与记者的一番对话中，我们不难看出，袁隆平的全部心思都在杂交水稻的研究和推广当中。他深知缺少科研经费带来的苦恼和无奈。所以，他先前当水稻研究中心的主任不是为了当官，他发起成立"隆平高科"也不是为了发财，他只是想有充足的经费从事自己热爱的杂交水稻事业。

八、名标星座

在浩瀚的宇宙中，有一颗明亮的小行星，是以袁隆平名字命名的，这颗星星，就是国际小天体命名委员会批准命名的"袁隆平星"。

1999年10月，经国际小天体命名委员会批准，中国科学院北京天文台施密特CCD小行星项目组发现的一颗小行星(8117)被命名为"袁隆平星"。

小行星是目前各类天体中唯一可以由发现者进行命名并得到世界公认的天体,用杰出人士的名字命名小行星是一项崇高的国际性永久荣誉。这颗小行星是1996年9月18日在兴隆观测站发现的,发现后的暂定编号为1996SD1,由于SD正好是中文"水稻"的汉语拼音简写,所以在获得8117这一永久编号之后,为了表达对"杂交水稻之父"的敬意,为了让人类永远记住袁隆平这个名字,永远不忘他不计名利、一心科研的精神,让人们永远铭记他对人类战胜饥饿所作出的贡献,天文学家们决定把它命名为"袁隆平星"。在人们心目中,袁隆平就是一颗同时在科学和自然的天空中闪烁出耀眼、迷人光芒的明星!

2007年10月8日晚,袁隆平先生来到紫金山天文台铁山寺观测站,这里有亚洲最大的天文望远镜。他要借助这台望远镜亲眼看一看"袁隆平星"。碰巧,8日这颗星正好运行到金牛座,在铁山寺观测站恰好能观测到。袁隆平在望远镜里看到以自己名字命名的这颗星时,非常激动。他说,宇宙浩瀚无比,充满了神奇与魅力,人类要不断地探索、研究它,让它为人类服务。

九、泽被神州

金杯、银杯不如老百姓的口碑。杂交水稻让千千万万的农民获得了好收成,他们就用生动而朴实的语言称颂袁隆平为"神农"

第五章　辉煌的成就,做人的楷模

"米菩萨"。他们用自己独特的方式抒发着对杂交水稻之父的感激之情。其中有这样一个感人的故事:

湖南郴州市北湖区华塘镇塔水村农民曹宏球,是当地有名的水稻种植能手。由于他出生在"三年自然灾害"的1960年,童年饥一顿、饱一顿的日子成了留在他脑海里挥之不去的记忆。1975年,杂交水稻在塔水村推广,脑子活络的曹宏球率先在村里种起了杂交水稻。由于连年丰收,到了90年代,曹家靠出售多余的稻米逐渐宽裕了起来。有了一点积蓄之后,他又改行专门养蜂,由于搞多种经营,他家的小日子越来越红火,还曾作为致富典型被郴州地委表彰过。

吃水不忘挖井人,致富不忘袁隆平。1995年春节,他编了一副春联贴在自家大门上,这副春联的内容是:"发家致富靠邓小平,粮食丰收靠袁隆平"。他和亿万农民一样,认为袁隆平发明的杂交水稻造福天下众生,对袁隆平心怀感激和敬重,萌生了自费为袁隆平塑像的念头。为了得到袁隆平的照片,他给袁隆平写了一封信。收到曹宏球情深意切的信后,袁隆平请同事回了封信。他在回信中说:

你和广大农民的赞美和褒奖,在我看来,比诺贝尔奖还要荣耀。你们的这份情我领了,但我不希望你们为我塑像,我为人民、为国家做一点贡献是应该的……因此,请你千万不要把钱浪费在为我塑什么石雕像上,我实在受不起你的这种厚爱。请你尊重我的意见,并恕我不给你寄照片。

尽管没有得到袁隆平的支持,曹宏球还是坚决要为自己心目中的米神塑像。用什么材料好呢?是用花岗岩?还是用铜?最终他决定用汉白玉,他想用这洁白无瑕的玉石象征袁隆平高洁的品格,表现杂交水稻之父的卓越贡献。听说北京房山的汉白玉最好,他就专程北上去寻找汉白玉,又不远千里跑到河北保定的一家玉雕厂定做了模型,然后又去湖北衢阳找人雕刻,前后总共花费了5万多元。最终为袁隆平雕塑了一尊真人大小的汉白玉雕像。

听说曹宏球要给袁隆平塑像,乡亲们特别支持,在村里的组织下大家专门留出2亩地作为"稻仙园",园里最醒目的位置放着袁隆平的塑像。因为,他就是给大伙送来高产水稻的仙人啊。

广大农民这样称颂袁隆平,是因为袁隆平培育的杂交水稻让他们告别了饥饿和贫穷,走上了丰衣足食的小康之路。

现在,在当地政府的支持下,"稻仙园"已拓展为80亩,成了当地的一处特别的风景,每天都有来自全国各地的人士前来参观。

十、连获 15 次国际大奖

随着杂交水稻推向全国,走向世界,在世界范围内掀起了研究杂交水稻的热潮。"杂交水稻之父"袁隆平也成了大忙人,他先后应邀到美国、菲律宾、日本、英国、法国、埃及、墨西哥、印度、缅甸等10多个国家和我国香港、澳门地区,进行了20多次学术交流活动,成了世界知名的科学家。

在国内,袁隆平自1981年获得新中国成立以来第一个特等发明奖以后,又连续获得多次奖励:1991年获中共湖南省委、湖南省

第五章 辉煌的成就,做人的楷模

政府授予的首届"科技兴湘奖";1992年获中共湖南省委、湖南省政府授予的"功勋科学家"荣誉称号;1995年获首届何梁何利基金生物学奖;1999年,中国科学院北京天文台将新发现的一颗小行星命名为"袁隆平星";同一年,他荣获中华人民共和国"杰出专业技术人才"称号;2001年2月19日,获首届国家最高科学技术奖;2007年获CCTV中国经济年度人物奖,博鳌亚洲论坛理事龙永图为袁隆平宣读颁奖词时称:"一个人每年为世界解决七千万人的吃饭问题,他就是中国工程院院士袁隆平先生!"2014年1月,袁隆平获得了国家科技进步奖特等奖。

在国际上,从1985年至2015年,袁隆平创造连续获15次国际大奖的记录。这15次大奖是:

(1) 1985年,在中国北京,获得联合国世界知识产权组织颁发的"发明与创造"金质奖章。

(2) 1987年,在法国巴黎,获联合国教科文组织1986—1987年度科学奖。在颁奖会上,联合国教科文组织总干事姆博先生赞扬袁隆平的杂交水稻,是20世纪70年代培育成功的半矮秆水稻之后的"第二次绿色革命"。

(3) 1988年,在英国伦敦,袁隆平获让克奖。

(4) 1993年,获美国菲因斯特基金会"拯救饥饿奖"。

(5) 1995年,获联合国粮农组织设立的"粮食安全保障奖"。全世界获此殊荣的只有6人,袁隆平还是亚洲的第一位获奖者。

(6) 1996年,获日本经济新闻社"日经亚洲开发奖"。

(7) 1997年,在墨西哥召开的"作物杂种优势遗传与利用国际学术研讨会"上获得国际农作物杂种优势利用"杰出先驱科学家"荣誉称号。

(8) 1998年11月4日,获日本越光国际水稻事务局颁发的"越光国际水稻奖"。

(9) 2001年,获菲律宾2001年度"麦格赛赛政府服务奖"。

(10) 2002年,获越南"农业和农村发展"荣誉徽章,以表彰他为越南发展杂交水稻作出的杰出贡献。

(11) 2004年5月13日,获得以色列沃尔夫奖励基金会颁发的"沃尔夫奖"。

(12) 2004年,获得世界粮食奖基金会颁发的"世界粮食奖"。这个奖在国际上被视为在农业方面的最高荣誉。袁隆平在接受中央电视台科教频道"大家"栏目采访时,也提到在他获得的各种大奖中,他最看重这个奖。

(13) 2010年,获法国农业部颁发的法兰西共和国农业成就勋章。

(14) 2010年10月,获日本新潟国际粮食奖事务局颁发的"新潟粮食奖"

(15) 2012年1月,获马来西亚马哈蒂尔科学奖基金会颁发的"马哈蒂尔科学奖"。

对于这些年获得的奖金,袁隆平除了分一些给同事以外,几乎全部捐出,先后发起成立了杂交水稻奖励基金会、农业科技奖励基金会等,用以扶持、奖励作出突出贡献的青年科技工作者。他还资助了很多教育事业和慈善事业。在他身上,不仅体现了当代知识

第五章 辉煌的成就,做人的楷模

分子忧国忧民、造福人类的远大抱负,也体现了淡泊名利、奉献社会的崇高思想境界。因此,湖南省农业科学院把袁隆平精神概括为:

热爱祖国、一心为民的坚定信念,
淡泊名利、奉献事业的崇高品德,
不畏艰难、求真务实的科研作风,
胸怀全局、协作攻关的团队意识,
与时俱进、不断开拓的创新精神,
服务"三农"、富民兴农的高尚情怀。

附录

袁隆平院士主要著作、学术论文

著作

杂交水稻.农业出版社,1976年.

杂交水稻简明教程(中英文对照).湖南科学技术出版社,1985年.

杂交水稻育种栽培学.湖南科学技术出版社,1988年.

杂交水稻学.中国农业出版社,2003年.

超级杂交稻研究.上海科学技术出版社,2006年.

学术论文

水稻的雄性不孕性.科学通报,1966,4.

水稻雄性不育性初探.广东海南岛第二届遗传学术讨论会会议论文集,1972年.

杂交水稻培育的实践与理论.中国农业科学,1977,1.

杂交水稻制种与高产的关键技术.遗传与育种,1977,1.

杂交水稻新组合——威优64.农业科技通讯,1984,5.

杂交水稻超高产育种探讨.杂交水稻,1985,3.

中国的杂交水稻.中国水稻科学,1986,11.

利用无融合生殖改良作物的潜力.作物杂志,1986,3.

水稻杂交优势利用.//中国稻作学.农业出版社,1986.

杂交水稻育种的战略设想.杂交水稻,1987,1.

杂交水稻研究的现状和展望.//杂交水稻国际学术讨论会论文集.学术期刊出版社,1988年.

"无融合生殖"水稻84-15还有待科学验证.杂交水稻,1989,4.

两系法杂交水稻研究的进展.中国农业科学,1990,3.

选育水稻光、温敏核不育系的技术策略.杂交水稻,1992,1.

杂交水稻既能高产又能优质.人民日报,1992-06-18.

在授奖仪式上的讲话.湖南日报,1992-09-15.

水稻光、温敏核不育起点温度的提纯和原种生产.杂交水稻,1994,6.

对大面积推广玉米稻要持慎重态度.1993年12月30日湖南省农业厅以湘农[1993]种字113号转发。

选育水稻亚种间杂交组合的策略.杂交水稻,1996,2.

杂交水稻超高产育种.杂交水稻,1997,6.

主要参考文献

吴雪琴,来斓.袁隆平传.南京:江苏人民出版社,2010.

邓湘子,叶清华.不再饥饿——世界的袁隆平.长沙:湖南文艺出版社,2007.

谢长江.中国当代著名科学家丛书——袁隆平.贵阳:贵州人民出版社,2004.

贾建湘,隋国庆,刘铭.袁隆平传奇.武汉:湖北少儿出版社,2009.

聂冷.补天:袁隆平的精彩人生.南昌:江西人民出版社,2009.

袁隆平主编.超级杂交水稻研究.上海:上海科学技术出版社,2006.

魏晓雯.袁隆平.北京:中国社会出版社,2008.

徐兰山.人类反饥饿史上光辉的一页.科技日报,2004-01-07.

朱仰晴.当代神农袁隆平.现代出版社,2010.

王精敏,罗闰良.水稻具有杂种优势:袁隆平科技创新的思想基石.发明与创新(综合版),2009,05.

谢长江."神农"袁隆平.师道,2002-02-01.

后　记

赤峰市田家炳中学一直致力于文化发展，先后请启功先生题写了校名、季羡林先生题写了校训。为了进一步体现"大师精神，书院气派"的办学特色，学校于2010年6月派人拜见袁隆平先生，请他做学校师生的精神导师，将先生的人品、精神和文化在学校永远传承。

先生听了之后，非常高兴，立即拿出纸笔，为学校题写了学生培养目标："赤峰市田家炳中学：书生意气、科学精神、人文情怀、国际视野。"

听说学校打算给先生塑像，先生坚决不同意。他说："绝对不能给我塑像，因为我是一个凡人，就是一个农民。"

为了让学生了解袁隆平先生的科研故事，让同学们学习袁隆平先生那高尚的人格、锲而不舍的精神、豁达大度的心胸，学校决定由我组织编写本书。

一晃几个月的时间过去了。在2010年夏秋两季，我在研读了10多本关于袁隆平先生的书籍和他本人的一些著作之后，以一名中学教师的眼光，从教育学生的角度出发，总算将先生的科研之路粗略地记述下来了。又经过几个月的修改和完善，终于写成了这本小书的初稿。

在本书的写作过程中,我注意了以下几个方面:

一、袁隆平先生的事迹和其他文艺作品可能有类似的地方,但本书有自己的描写手法和叙述风格,努力用激励学生学习的语言描述先生的故事。

二、避免将先生的生平事迹写成小说。所以我采用了记述的方式,叙述先生的科研之路。与科研无关的事情尽量少些或干脆不写。比如人际关系、婚姻家庭等。这样虽然不能全面地展示先生生活的方方面面,却凸显了他的科研历程,对学生的教育意义可能更好。

三、在写作时,注意总结先生在科研过程中的探究历程,引导学生对科学研究产生兴趣,激发学生对自然科学的好奇心和探究欲望。

由于杂交育种是高中生物教学中的一个重要知识点,三系法杂交水稻也是教材中的选修内容。所以我在以前也对袁隆平先生和他的杂交水稻有一定的了解和研究,还写成论文《杂交育种的过去与现在》发表在《中学生物教学》上。本书的写作过程,也是我的学习、提高过程。从知识上来说,使我对杂交育种工作有了更深刻、更全面的认识,对三系法杂交水稻的培育过程有了更加详细的了解。我想这对我以后的教学工作会有很大的促进。从做人、做事上来看,本书的写作过程,也是我学习提高的过程。袁隆平先生豁达大度的做人态度,百折不挠的进取精神,都值得我学习。从工作性质来看,袁隆平先生是把收获的种子洒向大地,解决了人类的吃饭问题,改变了人类的健康状况;我们这些教师是把知识的种子种在学生的心田,长出的是精神的收获与丰盈。可以说,学习袁隆

后记

平,更加坚定了我走教学和科研之路。

这本书在学校刊印之后,又经过近5年的修改和完善,才最终得以正式出版。在这个过程中,很多师生提出了值得参考的意见。在每年的读书节上,写这本书读后感的学生最多,可以看出这本书对学生的教育意义,这是我决心出版这本书的原动力。

中科院院士、北京师范大学原校长王梓坤教授一直关心学校的发展,他在三年前为我的科普书《追寻科学家的足迹——生物学简史》作了序,现在又亲自为本书作序,还多次勉励我多写一点东西,对我的关爱和期待溢于言表。我校的老校长、语文特级教师韩树培老师也抽出时间帮我审阅了稿子,提出了修改意见,指出了许多语句、语法方面的错误。袁隆平院士的秘书杨耀松先生也对书中一些描述不准确的地方提出了修改意见,并提供了袁隆平院士的照片供本书出版之用。对这些关注我校发展、关心我个人成长的师长,在此一并致谢。

近年来,学校坚持"办有灵魂的教育,创高贵幸福人生"的办学宗旨;确定了"坚定不移抓质量,千方百计谋发展,聚精会神搞建设,一心一意创品牌"的指导思想和"建自治区质量名校,创国家级示范高中"的办学定位;确立了"加强民主治校,彰显文化特色,打造质量品牌"的发展目标。

经过不懈努力,学校已经初步形成了"大师精神,书院气派"的办学特色。努力发展成为一所文化底蕴深厚,办学质量优异,办学特色鲜明,人民满意度和信赖度较高的优质特色高中。我相信,经过学校领导和全体师生的共同努力,学校会越办越好。

袁隆平院士为学校题写的学生培养目标

赤峰市田家炳中学

科学精神
人文情怀
国际视野

袁隆平
二0一0.六.七.